Valon Shabaj

Krise des konservativen Wohlfahrtsstaates am deutschen Beispiel

Ursachen und Problemlösungen zwischen Liberalisierung, Sozialdemokratie und Pfadabhängigkeit

Bachelor + Master
Publishing

Shabaj, Valon: Krise des konservativen Wohlfahrtsstaates am deutschen Beispiel: Ursachen und Problemlösungen zwischen Liberalisierung, Sozialdemokratie und Pfadabhängigkeit, Hamburg, Bachelor + Master Publishing 2013

Originaltitel der Abschlussarbeit: Krise des konservativen Wohlfahrtsstaates am deutschen Beispiel: Ursachen und Problemlösungen zwischen Liberalisierung, Sozialdemokratie und Pfadabhängigkeit

Buch-ISBN: 978-3-95549-076-8
PDF-eBook-ISBN: 978-3-95549-576-3
Druck/Herstellung: Bachelor + Master Publishing, Hamburg, 2013
Zugl. Universität Osnabrück, Osnabrück, Deutschland, Bachelorarbeit, September 2007

Bibliografische Information der Deutschen Nationalbibliothek:
Die Deutsche Nationalbibliothek verzeichnet diese Publikation in der Deutschen Nationalbibliografie; detaillierte bibliografische Daten sind im Internet über http://dnb.d-nb.de abrufbar.

© Bachelor + Master Publishing, Imprint der Diplomica Verlag GmbH
Hermannstal 119k, 22119 Hamburg
http://www.diplomica-verlag.de, Hamburg 2013
Printed in Germany

Inhaltsverzeichnis

1. Einleitung

Die nachfolgende Ausarbeitung beschäftigt sich mit der gegenwärtigen Krise des deutschen Wohlfahrtsstaates, hierfür sollen zunächst die Faktoren und die Struktur der Krise dargestellt werden, um in einem zweiten Vorgehen, mithilfe von empirischen wirtschaftspolitischen Theorieansätzen, Auswege und Problemlösungen zu erarbeiten, welche aus der momentanen Krise führen können. Die wirtschaftspolitischen Ansätze werden anhand ihres ökonomisch- sozialen Erfolges in den jeweiligen Ländern ausgewählt.

In der Phase der Nachkriegeszeit wuchs der Wohlfahrtsstaat in vielen Industrieländern aufgrund positiver Entwicklung der Weltwirtschaft und einer stetig anwachsenden Akzeptanz zu einem mächtigen Konstrukt heran, der seine Bürger gegen unzählige ökonomischer wie auch sozialer Risiken absicherte. Aufgrund der Ländereigenschaften entwickelte sich der Wohlfahrtsstaat ländertypisch und spiegelt somit die jeweiligen historisch- gesellschaftlichen Zusammenhänge wieder.

Wirtschaftswissenschaftler wie Gosta Esping Andersen kamen durch die Untersuchung dieser Ländereigenschaften zu der Konklusion, dass die Vielzahl an Wohlfahrtstaaten aufgrund einiger Ähnlichkeiten der Umverteilungseffekte der Systeme zu mindestens drei Wohlfahrtsstaatstypen zusammengefasst werden können. Die Einteilungen in verschiedenen wohlfahrtsstaatlichen Typologien, welche der Bachelor- Arbeit zugrunde liegen, folgen Hauptsächlich der Einteilung die durch Gosta Esping Andersen vorgenommen wurde. Dieser unterteilt drei verschiedene Typen von Wohlfahrtsstaaten und kategorisiert sie mithilfe der Abhängigkeit ihrer Sozialsysteme vom Arbeitsmarkt, welches dieser als Dekommodifizierung bezeichnet.[1]

Den bismarcksch -korporatistischen Wohlfahrtsstaat der Bundesrepublik Deutschland ordnet Gosta Esping Andersen dem konservativen Modell zu, dieser Kennzeichnet sich durch einen „Tripartismus" aus, bei dem Arbeitgeber, Gewerkschaften und der Staat miteinander durch Verhandlungen Entscheidungen auf Verhandlungsbasis ermöglichen. Das Bildungs- Ausbildungssystem und der Arbeitsmarkt sind stark reguliert, das Sozialsystem soll hingegen eine horizontale und interpersonelle Umverteilung bewirken.

---

[1] Vgl. Esping Andersen Gosta; Three Worlds of Welfare Capitalism, Polity Press 1990, S. 16, ff.

Aufgrund liberaler Strategien, die durch M. Thatcher in den 70`igern und Ronald Regan durchgeführt wurden, ordnet Esping Andersen die angelsächsischen Wohlfahrtsstaaten dem liberalen Modell hinzu. Dieser Kennzeichnet sich durch mehr Markt und weniger Staat aus und erlaubt nur minimale soziale Mittel für Bedürftige Minderheiten des unteren Randes.

Das dritte Modell macht er in den nördlichen Ländern in Skandinavien aus, dieses bezeichnet er als „sozialdemokratischen Wohlfahrtsstaat" der sich durch einen Universalismus und sozialer Gleichheit kennzeichnet, der durch den Staat stark dominiert wird.

Seit Anfang der 70`iger lässt sich eine Strukturkrise des Wohlfahrtsstaates ausmachen, die mit jeder weiteren konjunkturellen Rezession sich heftiger auf die jeweiligen Gesellschaften auswirkt. Der Beginn der Krise lässt sich in den jeweiligen Ländern mit den Energiekrisen der siebziger und achtziger Jahre und ihre verheerende Wirkung auf die Wirtschaft ausmachen.[2] Des Weiteren lassen sich Faktoren wie: die durch die Technologie voranschreitenden strukturelle Veränderung der Volkswirtschaft, eine negative demographische Entwicklung, die hohen Arbeitslosenquoten, dem politischen Konstrukt und seinen Vetospielern, und die „Globalisierung", welche die Krise nochmals verschärft, ausmachen.

In dem deutschen Beispiel kommen zu den oben genannten Faktoren eine schlechtere Ausgangslage für die Ökonomie nach dem zweiten Weltkrieg und die Wiedervereinigung hinzu.

Der Hauptteil der Bachelor- Arbeit beschäftigt sich mit der Problembewältigung andrer wohlfahrtsstaatlicher Modelle in anbetracht ihrer Krisen und soll somit dem konservativen Wohlfahrtsstaat wirtschaftspolitische Auswege aus der Krise aufzeigen. Hierzu werden im ersten Teilbereich „liberale" wirtschaftstheoretische Ansätze am Beispiel der angelsächsischen Länder darlegt und ihre Wirkung auf den Wohlfahrtsstaat analysiert. Die Auswirkung der theoretischen Ansätze wird an dem Beispiel Großbritannien aufgezeigt, hierdurch sollen die positiven aber auch negativen Erscheinungen dieser Theorie verdeutlicht werden. Das Beispielland wurde aufgrund seines Erfolges bei der Bewältigung seiner Krise, hier insbesondere bei der Stabilisierung der ökonomischen Lage, ausgewählt.

---

[2] Vgl. Butterwegge Christoph; Krise und Zukunft des Sozialstaates, VS Verlag Wiesbaden 2005, S. 115

Im zweiten Teilbereich werden „sozialdemokratische" wirtschaftstheoretische Ansätze an den Skandinavischen Ländern, hier insbesondere Schweden erörtert und die Wirkungsweise dieser Ansätze an wirtschafts- politischen Veränderungen abgeleitet. Schweden ist ein erfolgreiches Beispiel von sozialdemokratischer Wirtschaftspolitik und dient der Bachelor- Arbeit als Gegenpol zu den liberalen Erfolgsmodellen. Norwegen und Finnaland werden aufgrund der besonderen historisch aber auch finanziellen Strukturentwicklung vernachlässigt.

Da, die empirischen Beispiele höchst unterschiedliche Entwicklungen aufweisen, wird der Anspruch der Theorien allumfassend zu sein verringert. Bei den liberalen Ansätzen werden dann die Variablen der Theorie darauf reduziert, dass die Senkung der Staatszuwendungen und der Abbau der Sozialeistungen zur Verbesserung und Stabilisierung des wirtschaftlichen Klimas führen. Die sozialdemokratische Theorie wird hingegen darauf reduziert, dass verstärkte öffentliche Ausgaben, der Ausbau des öffentlichen Sektors und verstärkte Finanzierung durch den Staat die Wirtschaftslage verbessert und den Arbeitsmarkt belebt.

Mit dem Vergleich von wirtschaftspolitischen Reformen sollen mögliche Auswege für die Bewältigung der gegenwärtigen Krise des deutschen Wohlfahrtsstaates aufgezeigt werden. Mithilfe der empirischen Beispiele kann man negative Auswirkungen für die BRD ausschließen und verstärkt positive Auswirkungen fördern. Ungewiss ist aber, ob sich diese theoretischen Ansätze sich in gleicher Form auf das System der BRD auswirken und inwiefern die historisch geschaffenen Institutionen und die hieraus entstandene Pfadabhängigkeit des konservativen Wohlfahrtsstaates solche massiv liberale Reformen wie in den angelsächsischen Ländern oder sozialdemokratischen Reformen wie in Skandinavien zulässt.

2. Krise des deutschen Wohlfahrtsstaates

Im Einführenden Teil der Bachelor- Arbeit soll die Krise des deutschen Wohlfahrtsstaates dargestellt werden. Hierfür werden die Endogenen, dies sind die inneren
Faktoren und die Exogenen, hierbei handelt es sich um die äußeren Faktoren,
dargestellt und analysiert. Die Untersuchung soll die Wirkungsweise dieser Faktoren
darstellen und den Weg in die Krise beschreiben. Hierzu soll die Entwicklung des
deutschen Wohlfahrtsstaates mithilfe von statistischen Daten empirisch überprüft
werden. Im idealen Zustand kann man drei Gruppen von Messdaten vergleichen, die
erste Gruppe beinhaltet die Aufwendungen, die der Staat für seine Bürger aufbringt,
in der zweiten Gruppe wird der Umfang der sozialen Sicherung behandelt und die
dritte Gruppe beschäftigt sich mit den Umverteilungseffekten, die das soziale System
erzeugen kann.[3]

2.1 Endogene Faktoren als Verursacher der Krise

2.1.1 Arbeitsmarkt und die Finanzierung der Sozialkassen

Die Kraft des Wirtschaftsaufschwunges, der sich nach dem 2. Weltkrieg in der
westlich- industrialisierten Welt eingestellt hatte, war im Verlauf der fünfziger und
sechziger Jahre ungebrochen und füllte hierzulande die Staatskassen bei einer
niedrigen Sozialleistungsquote. Die Sozialleistungsquote, der Anteil der öffentlichen
Sozialausgaben gemessen am Bruttoinlandsprodukt, lag zu Beginn der statistischen
Datenerfassung im Jahre 1950 auf ca. 19%.[4] Aufgrund positiver Entwicklungen der
Ökonomie, die im Zusammenhang mit dem Marschallplan stand, entwickelte sich
der deutsche Wohlfahrtstaat und damit erhöhte sich auch die Sozialleistungsquote.

Die Wahlen 1969 brachten eine neue Mehrheit hervor und begünstigten den Aufbau
einer sozial- liberalen Regierung. Aufgrund der hervorragend positiven Bilanz der
vergangenen Jahrzehnte trat die neue Regierung für eine Expansion des Wohlfahrts-

---

[3] Vgl. Heinze G. Rudolf, Schmid Josef, Strünk Christoph; Vom Wohlfahrtsstaat zum Wettbewerbsstaat, Opladen Leske und Buderich 1999, S. 19
[4] Vgl. Heinze G. Rudolf, Schmid Josef, Strünk Christoph; Vom Wohlfahrtsstaat zum Wettbewerbsstaat, Opladen Leske und Buderich 1999, S. 21

staates ein.[5] Zur expansiven Reformpolitik der sozial- liberalen Regierung gehörten der Ausbau des Arbeits- und Unfallschutzes und die Reformierung des Gesundheitswesens. Hierdurch wurde die Sozialleistungsquote von 24,6% im Jahre 1969 in darauffolgenden Jahren stetig erhöht und erreichte den Höchststand im Jahre 1975 mit 31,4%.[6] Mit dem sozialliberalen Modell des Ausbaus wurde die Struktur des Wohlfahrtsstaates erweitert und der Umfang des versicherten Personenkreises erhöht. So erhöhte sich der Anteil der Bevölkerung, die den Lebensunterhalt primär aus dem Sozialeinkommen bestritt, von 14,4 % im Jahre 1969 auf mehr als 20 % im Jahre 1980.[7] Der erhöhte Umfang an Personen, die vom Wohlfahrtsstaat primär lebte, musste durch die arbeitende Bevölkerung finanziert werden. Verstärkt schoben die Institutionen hierzulande arbeitslos gewordene Kräfte, aufgrund der blühenden Lage der Sozialkassen, mühelos in die Arbeitslosigkeit. Die Sozialbeiträge, welche auch als Lohnnebenkosten bekannt sind, erhöhten sich aufgrund der expansiven Sozialpolitik von anfänglich 27,8% im Jahre 1969 auf 34% im Jahre 1982.[8] Solange der Wirtschaftswachstum und die blühende Lage im Arbeitsmarkt sich fortsetzen, hatten die erhöhten Sozialbeiträge keine größeren Auswirkungen auf die Wirtschaft und den Wohlfahrtsstaat.

Die erste Öl- Krise 1973/74 löste eine weltweite Wirtschaftskrise aus, welche die bis dahin erfolgreich Funktionierende Wirtschaft lahm legte und der Bevölkerung das Selbstverständnis einer auf ewig wachsenden Ökonomie entriss. Die Folgen der Weltwirtschaftskrise äußerten sich rasch auch in West- Deutschland und verursachten Ungewissheiten und Unsicherheiten bei der Bevölkerung aus, dies schlug sich ohne Verzögerung auf die Ökonomie nieder.

Bei geringer Auftragslage, vor allem in der Autoindustrie, mussten die Unternehmen große Massen an Arbeitern in die Arbeitslosigkeit entlassen und wirkten so einem Abschwung und eine Rezessionsphase herbei. Der bis dahin erfolgreiche deutsche Wohlfahrtsstaat musste nun Unmengen an Arbeitslosen auffangen. Die Arbeitslosenquote stieg in nur fünf Jahren von 0,7% in dem Jahr 1970 auf 4,7% im Jahre 1975.[9] Dies ist eine Versiebenfachung der Arbeitslosenquote innerhalb von nur fünf Jahren.

---

[5] Vgl. Schmidt Manfred G.; Sozialpolitik in Deutschland, VS Verlag 2005 Wiesbaden, S. 92
[6] Vgl. Ebenda, S. 93
[7] Vgl. Ebenda, S. 92
[8] Vgl. Ebenda, S. 93
[9] Vgl. http://www.destatis.de/indicators/d/lrarb01ad.htm vom 22.05.2007

Das Umlageverfahren, welches die soziale Sicherung direkt finanziert, musste nun innerhalb von fünf Jahren bei sinkender Anzahl an Erwerbstätigen eine siebenfache Anzahl an Arbeitslosen finanzieren. Die Finanzierungsweise des deutschen Wohlfahrtsstaates erfolgt direkt und wird vom Arbeitgeber und Arbeitnehmer gleichermaßen getragen. Während das Arbeitslosengeld lediglich von den Beiträgen aus Arbeitnehmern und Arbeitgebern getragen wird, werden Arbeitslosenhilfe und die aktiven Arbeitsmarktmaßnahmen aus einem Mix von Steuern und Beiträgen finanziert.[10]

Die Gewährleistung zur Sicherung der sozialen Leistungen konnte nur aufgrund weiterer Erhöhung der Beiträge funktionieren. Daher beschloss die damals sozialliberale Regierung zusätzlich zu der getätigten Expansion weitere Erhöhung der Sozialabgaben. Dies reichte jedoch nicht, daher entschied man die expansive Politik des Wohlfahrtsstaates aufzugeben und mit einer Problembewältigungspolitik von Einsparungen und Streichungen die Scharr an Arbeitslosen zu bewältigen.

Die erhöhten Sozialabgaben erhöhten wiederum die Arbeitskosten und raubten der Ökonomie die Möglichkeit neue Arbeitskräfte einzustellen, dies führte dazu, dass die Anazahl an Arbeitslosen nicht nur gleich blieb, sondern sich weiterhin erhöhte. Die im internationalen Vergleich hohen Sozialabgaben führten zur Verteuerung inländischer Produkte und verstärkten den Abbau von Personal in deutschen Unternehmen.[11] Hierdurch wurde die Arbeitsplatz raubende Spirale noch schneller gedreht und die Krise weiter verschärft. Die Sozialleistungsquote stieg in dieser Zeit der Expansion und der Krise auf ca. 34 % an und raubte damit dem Binnenmarkt die Möglichkeit zur Erholung.[12]

Die überhasteten Haushaltskürzungen richteten sich primär dar aus wo der Bund einen Zuschusspflicht für Haushaltslücken innehat. Dies waren zunächst die Aufwendungen für Umschulung- und Weiterqualifikation, Arbeitslosenunterstützung und der Ausbildungsförderung.[13] Während die Arbeitsmarktlage sich langsam entspannte und die Reformen sich auswirkten, wurde die westliche Welt durch die zweite Öl- Krise in den Jahren 1980/81 in eine zweite Weltwirtschaftskrise hineingestürzt. Die Wirtschaftskrise traf die westlichen Länder gleichermaßen und verursach-

---

[10] Vgl. Schmid J., Nikketta R.; Wohlfahrtsstaat- Krise und Reform im Vergleich, Metropolis Verlag, Marburg 1998, S. 151
[11] Vgl. Schmidt Manfred G.; Sozialpolitik in Deutschland, VS Verlag 2005 Wiesbaden, S. 98
[12] Vgl. Heinze G. Rudolf, Schmid Josef, Strünk Christoph; Vom Wohlfahrtsstaat zum Wettbewerbsstaat, Opladen Leske und Buderich 1999, S. 21
[13] Vgl. Schmidt Manfred G.; Sozialpolitik in Deutschland, VS Verlag 2005 Wiesbaden, S. 96

te neue Massen an Arbeitslosen. Die Wirtschaftspolitik der BRD verabschiedete sich hiermit von der Vorstellung einer Vollbeschäftigung.

Die sozial- liberale Regierung wurde aufgrund innerer Streitigkeiten durch ein konstruktives Misstrauensvotum aufgelöst. Die im März des Jahres 1983 veranstalteten Neuwahlen erbrachten einer konservativ- liberalen Mehrheit die Möglichkeit die neue Regierung zu bilden.

Die neue Regierung unter dem Kanzler Helmut Kohl machte sich daran, den durch die sozial- liberale Regierung „aufgeblähten Wohlfahrtsstaat", weiterhin zu demontieren und weitergehende Reformen einzuleiten. Die konservativ- liberale Regierung distanzierte sich jedoch vom andren konservativ neoliberalen Vorgehen westlich konservativer Regierungen in Großbritannien und den USA und hob die Tradition der sozialen Marktwirtschaft hervor.[14]

Große Einsparungen wurden weiterhin in der Ausbildungsförderung und in den Bereichen der Sozial- und Arbeitslosengeld, Arbeitslosenhilfe getätigt. Diese Einsparungen gingen soweit, dass 1984 nur 40% der registrierten Erwerbslosen Arbeitslosengeld und nur 26% Arbeitslosenhilfe erhielten.[15] Die Reformpolitik der konservativ- liberalen Regierung, die Hauptsächlich auf Abbau der Sozialleistungen und Einsparungen basierte, vollzog sich in der Legislatur Periode von 1983 bis 1989 rasch, weil hier der Vetospieler Bundesrat auch durch die konservativ- liberale Konstellation kontrolliert wurde.

Während der „Kohl Ära" entspannte sich die Arbeitsmarktlage, hierbei sank die Arbeitslosenquote von 9,1% im Jahre 1983 auf 7,2% im Jahre 1990. Die Sozialleistungsquote, der Anteil an Sozialausgaben am BIP, sank wie durch die Regierung zugesichert von 30,7% im Jahre 1982 auf 27,6% im Jahre 1990.[16] Zudem wurde der Umfang der Begünstigten Personen mit den Kürzungen erheblich verringert. Letztendlich kann man behaupten, dass die 1983 neugewählte Regierung keinen sozialpolitischen „Kahlschlag" veranlasste, vielmehr zielten die getätigten Reformen auf Sparmassnahmen und Krisenbewältigung ab. Die anziehende Konjunkturphase und der damit verbundene Wirtschaftswachstum, der sich in der Zeitperiode von 1981 bis 1986 stetig von ca. 1% im Jahre 1981 auf ca. 3,5% im Jahre 1986

---

[14] Vgl. Schmidt Manfred G., Sozialpolitik in Deutschland, VS Verlag 2005 Wiesbaden, S. 108f.
[15] Vgl. Ebenda, S. 100
[16] Vgl. Ebenda, S. 101

erholte, veranlassten die Entspannung am Arbeitsmarkt und ermöglichten die Senkung der Sozialleistungsquote .[17]

Die deutsche Einigung 1990 stellte den deutschen Wohlfahrtsstaat dadurch vor neuen Herausforderungen, weil die Politik, westdeutsches Sozialrecht, auf die DDR übertragen wollte. Hierdurch gelangten Menschen in einem sozialen Sicherungssystem, welche zuvor nicht in dieses System eingezahlt hatten. Zusätzlich wurde die Übertragung kapitalistischer Grundzüge durch die sozialistische Vergangenheit erschwert, daher musste eine Reihe von Gesetzen nachträglich novelliert werden.[18] Eine größere Problematik brachten indes die Unternehmensleistungen und der schwindende Markt für DDR Produkte. Hinzu kam die Auflösung der Sowjetunion und damit der Ausfall eines großen Export Abnehmers der DDR. Die staatlichen DDR- Unternehmen sollten durch die Treuehandanstalt, einer westdeutschen Regierungsanstalt, rasch Privatisiert werden. Wirtschaftsexperten des Treuehandrates THA stellten jedoch fest, dass etwa 40% der DDR Unternehmen rentabel seien, weitere 30% Sanierungswürdig und der Rest unproduktiv und sanierungsunfähig sei.[19] Diese Expertise machte deutlich, was auf den westdeutschen Wohlfahrtsstaat zukam. Aufgrund mehrerer Reform und Umbaumaßnahmen durch die konservativ- liberale Regierung und der guten Entwicklung der Konjunktur in der zweiten Hälfte der Achtziger waren die Sozialkassen enorm entlastet worden und verzeichneten sogar Monatsreserven. So verfügten die Rentenkassen 1989 über eine dreimonatige Reserve, dies in anbetracht des Umlagesystems verdeutlicht die Höhe der Reservekapazitäten.[20] Mit den Informationen über diese Reserven wurde die Wiedervereinigung und der zu erwartende Verlust an Wirtschaftskraft durch die Politik unterschätzt und nicht wahrgenommen.

Ferner wurde die Situation dadurch erhärtet, weil die Währung der DDR über dem eigentlichen Kapitalmarktwert gehandelt und eingewechselt wurde und somit westdeutsches Kapital abgewertet wurde. Der Verlust an Kaufkraft, unrentable DDR Unternehmen, Erweiterung des Kreises der Sozialleistungsempfänger, degenerierte Wirtschaft und zusätzliche öffentlicher Transfers machten die Wiedervereinigung zu einem ökonomischen Desaster. Daher ist anzunehmen, dass in der Zeit der Wiedervereini-

---

[17] Vgl. Wartenberg v. L.; Haß H. J; Investition in die Zukunft, 2005 WILEY-VCH Verlag, S. 17
[18] Vgl. Lütz S.; Czada R.; Wohlfahrtsstaat – Transformation und Perspektiven, VS Verlag 2004 Wiesbaden, S. 137
[19] Vgl. http://www.bpb.de/wissen/02572031752394950135204654630408,1,0, Treuhandanstalt. html#art1 vom 29.05.2007
[20] Vgl. Lütz S.; Czada R.; Wohlfahrtsstaat – Transformation und Perspektiven, VS Verlag 2004 Wiesbaden, S.133

gung, die historisch- politischen Hintergründe die ökonomischen Abwägungen überragten.

Die Arbeitslosenquote stieg währenddessen von 7,3% im Jahre 1991 auf den Höchststand von 12,7% im Jahre 1997.[21] Die Belastung der Sozialversicherungskassen wurde durch die Problematik am Arbeitsmarkt erschwärt, sodass weitere Erhöhung der Sozialabgaben folgen mussten. Die Sozialleistungsquote stieg aufgrund eines erweiterten Umfanges an Personen und steigenden Arbeitslosenzahlen auf neuen Rekorden und pendelte sich ab 1994 auf ca. 35% ein.[22] Die Erhöhung der Sozialabgaben wirkte sich unmittelbar auf die Sozialbeiträge und hatte zur Folge, dass die Nettolöhne sich senkten. Die Sozialbeiträge, die durch Arbeitnehmer und Arbeitgeber gleichermaßen entrichtet werden, erhöhten sich von 35,9 Prozent im Jahre 1989 auf 42,2 Prozent im Jahre 1998. [23]

Das Verhältnis zwischen der Anzahl der beschäftigten Personen mit einer Sozialversicherung und der Anzahl der Sozialempfänger ist ein Faktor, der die Leistungsfähigkeit des Wohlfahrtsstaates angeben kann. Zudem kann man aus dieser Konstellation die Fähigkeit eines Systems erkennen, Bürger gegen negative Entwicklungen der Wirtschaft zu schützen. Der Zusammenhang steht hier dahingehend, dass je mehr Empfänger auf weniger Erwerbstätige mit Sozialversicherung zukommen, dass desto weniger das System die Möglichkeit dadurch erhält seine Bürger vor negativen Entwicklungen zu schützen. Die Konstellation zwischen diesen beiden Gruppen war im Verlauf der ökonomischen Entwicklung in Deutschland bis zu Beginn der Neunziger stabil gegeben, die Anzahl der Erwerbstätigen mit Sozialversicherung überragten die Anzahl der Empfänger und drücken damit die Fähigkeit des Systems eigene Bürger vor negativen Effekten auf dem Arbeitsmarkt zu schützen. Mit der Wiedervereinigung wurde das System geschwächt und bis Mitte der Neunziger destabilisiert. Mitte der Neunziger veränderte sich die Konstellation dieser beiden Gruppen und die Anzahl der Empfänger erhöhte sich drastisch, die der Einzahler jedoch nicht.[24]

Ein weiterer Grund für die hohe Arbeitslosigkeit sind die gestiegenen Erwerbsquoten, die im Verlauf der letzten Dekaden in die Höhe gestiegen sind. So stieg die

[21] Vgl. Information zur politischen Bildung, Staat und Wirtschaft, Fit für die Zukunft- Deutschland im Wandel, S. 4
[22] Vgl. Heinze G. Rudolf, Schmid Josef, Strünk Christoph; Vom Wohlfahrtsstaat zum Wettbewerbsstaat, Opladen Leske und Buderich 1999, S. 21
[23] Vgl. Schmidt Manfred G.; Sozialpolitik in Deutschland, VS Verlag 2005 Wiesbaden, S. 103
[24] Vgl. Lütz S., Czada R.; Wohlfahrtsstaat – Transformation und Perspektiven, VS Verlag 2004 Wiesbaden, S. 131

Erwerbsquote in Westdeutschland laut einer Statistik von 45 % im Jahre 1950 auf mehr als 60 % im Jahre 1996.[25]

Die neue rot-grüne Regierung, die im Jahre 1998 gewählt wurde, übernahm einen sich in der Krise befindlichen Wohlfahrtsstaat und machte sich trotz massiver Vetospieler im Bundesrat, dazu auf Reformen durchzusetzen. Die sozialpolitischen Reformbemühungen der rot- grünen Regierung kennzeichnen sich durch Diskontinuität und Pfadabweichungen aus. Zunächst versuchte die Regierung mithilfe des herrschenden Tripartismus, bei dem Staat, Gewerkschaften und Arbeitgeberverbänden vertreten sind, Problemlösungen und Auswege aus der Krise herauszufinden. Dies scheiterte an der Machtverteilung und den Vetopositionen der Beteiligten. Infolgedessen baute die Regierung Expertenkommissionen auf und ließ Ergebnisse vorstellen, hierunter sind Reformvorschläge wie Hartz IV, Agenda 2010 oder die Riester Rente bekannt.

Die Einsetzung von Expertenkommissionen eröffnet eine neue Methode, in Krisenzeiten konsensfähige Reformen durchzubringen.

Die Terroranschläge vom 11. September 2001 und die darauffolgenden Kriege in Afghanistan und später dem Irak führten zu einer „neuen Weltwirtschaftskrise" und wirkten sich auch auf den Binnenmarkt negativ aus. Aufgrund massiver Unsicherheit und Ungewissheit brach die Ökonomie zusammen. Die schlechte Wirtschaftssituation und die Reform der Arbeitslosenstatistiken, die im Zuge von Hartz IV durchgeführt wurden, trugen dazu bei, dass die Arbeitslosenquote wieder anstieg und 2005 einen Höchststand von 13,0% aufwies.[26] In anbetracht dieser hohen Arbeitslosenquoten ist es nicht verwunderlich, dass die rot- grüne Regierung in vorgezogenen Wahlen 2005 abgewählt wurde.

2.1.2 Technischer Fortschritt und der Arbeitsmarkt.

In den sechziger Jahren wurde die Freisetzung an Arbeitern, die durch den technischen Fortschritt aus dem Betrieb ausgegliedert wurde, durch wirtschaftliches Wachstum mehr als ausgeglichen. Zudem verlangte der wirtschaftliche Aufschwung in der Automobil und der Chemieindustrie zusätzliche Arbeiter, die durch ausländische Arbeitskräfte befriedigt wurde.

---

[25] Vgl. Heinze G. Rudolf, Schmid Josef, Strünk Christoph; Vom Wohlfahrtsstaat zum Wettbewerbsstaat, Opladen Leske und Buderich 1999, S. 29
[26] Vgl. Information zur politischen Bildung 294, Staat und Wirtschaft, Fit für die Zukunft- Deutschland im Wandel, S. 4

In der Zeit der Wirtschaftskrisen, fallendem Wirtschaftswachstum und technischen Innovationen minderte sich die Fähigkeit der Ökonomie die freigesetzten Arbeiter auszugleichen.[27] Innovationen im Bereich der Informations- und Kommunikationstechnik, die Maßgeblich durch das amerikanische Militär vorangetrieben wurde, führten dazu, dass sich die ökonomische Struktur der jeweiligen Länder veränderte. Der erste und zweite Sektor der Industrie schrumpften im Vergleich zu dem dritten Sektor aufgrund neuer Technologien und bauten damit Arbeitsplätze ab. Der dritte Sektor verzeichnete einen positiven Trend, konnte jedoch die Massen der Arbeitslosen nicht aufnehmen.

Aufgrund unzureichender Investitionen in dem Bereich neuer Technologien verpassten die westdeutschen Unternehmen die aufkommende Innovation in dem Bereich der Informations- und der Kommunikationstechnik, die zu Beginn der Siebziger einsetzte. Diese Entwicklung führte dazu, dass sich der dritte Sektor der Ökonomie sich anderswo erweiterte und da zu zusätzliche Arbeitsplätze führten. In anderen Ländern wie den USA und GB wo Investitionen und politische Entscheidungen im Hinblick dieser Entwicklung getätigt wurden, schuf dieser dritte Sektor der Dienstleistungen ausreichend viele Arbeitsplätze und bewirkte eine Veränderung der ökonomischen Struktur.

Während die Netto-Investitionsquote in West-Deutschland in dem Zeitraum von 1970 bis 2003 kontinuierlich von ca. 18% auf nur noch 3% gesenkt wurde, blieb diese in anderen Ländern wie den USA unverändert bei ca. 10% und führte dazu, dass ausreichend Kapital für Innovationen übrig blieb.[28] Der Sachstand wird in West-Deutschland nochmals durch sinkende staatliche Forschungsausgaben im Verhältnis zu den gesamten deutschen Forschungsausgaben erhärtet, welche in dem Zeitraum von 1981 bis 2001 um mehr als 10% auf nur noch 31,5% reduziert wurden. Die strukturelle Veränderung der Ökonomie führte dazu, dass der dritte Sektor in den USA heutzutage mehr als 80% der Erwerbstätigen beschäftigt, hingegen der dritte Sektor in Deutschland ungefähr 60% der Erwerbstätigen beschäftigen kann. Hierbei wird das Ausmaß an Aufnahmefähigkeit des dritten Sektors klar. [29]

---

[27] Vgl. Butterwege Christoph; Wohlfahrtsstaat im Wandel, Probleme und Perspektiven der Sozialpolitik, Leske+ Buderich, Opladen 2001, S. 54
[28] Vgl. http://upload.wikimedia.org/wikipedia/de/1/17/InvestitionsquotenUSAJBRD.PNG vom 03.06.2007
[29] Vgl. Information zur politischen Bildung , Mannheim 2006 , Wirtschaft Heute, S. 135

Die strukturelle Veränderung zieht eine langfristige strukturelle Arbeitslosigkeit nach sich, da bestimmte Berufe oder bestimmte Praktiken wegfallen und die Notwendigkeit dieser Arbeiter nicht erforderlich ist. Längerfristig betrachtet verursacht die strukturelle Veränderung mehr Arbeitsplätze in neuen Berufsfeldern, jedoch nur wenn man gewisse Investitionen, wie weiter oben erwähnt, tätigt. Zudem bewirken technologische Innovationen eine veränderte Notwendigkeit der Qualifikation und ermöglichen nur begrenzt die Ausführung durch „Jedermann". Hierdurch sind gering qualifizierte Arbeitskräfte im Nachteil und werden durch solche Entwicklungen in eine lange Periode der Arbeitslosigkeit geschoben.

In anbetracht neuer Entwicklungen und möglicher Innovationsschübe aus dem Bereich der Bio- und der Nanotechnologie drängt sich heutzutage die Frage nach möglichen Reaktionen durch Politik oder Ökonomie auf, die wiederum die Ökonomie der Zukunft prägen könnten.

2.1.3 Negative demographische Entwicklung und der Wohlfahrtsstaat

Eine negative demographische Entwicklung ist in allen Industrieländern der westlichen Hemisphäre zu beobachten. Gründe dafür sind in allen Ländern der sogenannten „ersten Welt" die fallenden Fertilitätsraten und die steigende Lebenserwartung der Bevölkerung.[30] Dieser Trend läst sich seit den Beginn der Siebziger ausmachen und wirkt sich in langsamen Schritten sehr negativ für den Wohlfahrtsstaat aus. Man könnte bei sinkenden Fertilitätsraten zunächst davon ausgehen, dass sich das Arbeiterangebot in Zukunft augrund dieser Tatsache sich verringern wird und zu sinkenden Arbeitslosenquoten führt. Doch das Gegenteil ist zu erwarten, da mit sinkender Fertilitätsquote auch weniger möglicher Arbeitnehmer und Arbeitgeber vorhanden sein werden, die wiederum in die Sozialkassen einzahlen könnten, um die älter werdende Bevölkerung, die verstärkt aus Rentnern besteht, zu finanzieren. Zu den demographischen Kennzahlen gehört die Geburtenrate, diese fiel in Westdeutschland von 2,9 im Jahre 1950 auf nur noch 1,39 im Jahre 1992.[31] Aufgrund dieser Entwicklung stünde in der Zukunft eine größere Anzahl an Rentner einer niedrigeren Anzahl an Erwerbstätigen gegenüber, dies führt unvermeidlich dazu, dass die Erwerbstätigen

---

[30] Vgl. Information zur politischen Bildung, Bonn 2007, Staat und Wirtschaft, Fit für die Zukunft-Deutschland im Wandel, S. 8
[31] Vgl. Heinze G. Rudolf, Schmid Josef, Strünk Christoph; Vom Wohlfahrtsstaat zum Wettbewerbsstaat, Opladen Leske und Buderich 1999, S. 31

die hohe Anzahl der Rentner nicht finanzieren können und somit der Wohlfahrtsstaat seine Funktion nicht mehr wahrnehmen kann. Der Altersquotient, das Verhältnis der über 65 Jährigen zur Gesamtbevölkerung, stieg von 21,64 im Jahre 1987 auf 25,52 im Jahre 2000, statistische Erwartungen gehen zudem davon aus, dass der Altersquotient für die BRD im Jahre 2050 auf ca. 42 angestiegen soll.[32]

Mögliche Auswege aus dieser Situation wären eine verstärkte Migrationspolitik nach US- Amerikanischen Vorbild oder verstärkte steuerliche Vergünstigungen für kinderreiche Familien und verheiratete Paare.

Die Rentenkasse ist nicht die einzige Sozialkasse, die von einer negativen demographischen Entwicklung berührt wird und würde. Gravierender wirkt sich das höhere Lebensalter der Bevölkerung auf die Kranken- und Pflegeversicherung aus. Beispielsweise ist von den Senioren zwischen 80 und 85 Jahren etwa jeder fünfte Pflegedürftig bei älteren Menschen steigt dies enorm in die Höhe. Der Zusammenhang besteht hier darin, dass eine höhere Anzahl an älteren Menschen die Dienste der beiden Kassen öfter und massiver als junge Menschen nutzen und dieses sich wiederum indirekt aufblähend auf die Arbeitskosten auswirkt.[33] Hieraus entsteht ein Finanzierungsdruck auf die Kassen, die wiederum dies nur mit höheren oder gestuften Beiträgen, die sich zur Lasten der Kranken auswirken, ausgleichen können.

Am Ende muss aber auch erwähnt werden, dass sich diese Entwicklung in solch einer Art nicht ereignen muss, da die Variablen dieser Prognose sich rasch verändern können und somit die gesamte Prognose zusammenfallen kann.

2.1.4 Kosten der Wiedervereinigung und Aufbau Ost entziehen der Volkswirtschaft entscheidende Kraft

Das Ende des kalten Krieges und der Mauerfall im November 1989 ermöglichten den Osteuropäischen Ländern einen demokratischen Neubeginn, für die beiden deutschen Staaten bedeutet dies jedoch die historische Möglichkeit ihrer Wiedervereinigung.[34]
Die Wiedervereinigung war jedoch keine Vereinigung in Sinne einer bipolaren Übereinkunft zur Vereinigung, vielmehr ging die DDR in der BRD auf.

---

[32] Vgl. Schmid Josef; Wohlfahrtsstaaten im Vergleich, Leske Buderich , Opladen 1996, S. 188
[33] Vgl. Information zur politischen Bildung , Bonn 2007, Staat und Wirtschaft, Fit für die Zukunft-Deutschland im Wandel, S. 9
[34] Vgl. Woyke Wichard; Handwörterbuch Internationale Politik, Verlag für Sozialwissenschaften, 2004 Wiesbaden , S. 54 ff,.

Ungeachtet der politisch- historischen Bedeutung der Wiedervereinigung steht dieses Ereignis in der Gegenwart bei vielen Soziologen als entscheidender Faktor, der die Krise des Wohlfahrtsstaates in der BRD verursachte oder zumindest verschärfte.[35] Gründe für diese Annahmen lassen sich in zahlreichen Erhöhungen der Sozialabgaben nachweisen, die direkt mit der Wiedervereinigung in Zusammenhang stehen. Aufgrund eines anderen ökonomischen Systems des „Sozialismus", bei dem massiv und zentral auf Arbeitnehmer gesetzt wird, waren viele Unternehmen des Ostblocks und hier insbesondere der DDR im internationalen Markt nicht Konkurrenzfähig und mussten Konkurs anmelden. Der Treuehandrat (THA), eine Institution der BRD, wurde mit der Sanierung von DDR- Unternehmen betraut und stellte fest, dass eine Vielzahl von diesen Unternehmen nicht Sanierungsfähig sei.[36] Die Folgen daraus waren steigende Arbeitslosenquoten, die sich seit Beginn der Neunziger stetig erhöhten, und in Verbindung hierzu auch höhere Sozialabgaben. Hinzu kommen weitere öffentliche westdeutsche Transfers, die sich bis zum Jahre 2003 auf einen Wert von ca. 1250 Mrd. Euro belaufen.[37]

Die Wiedervereinigung wirkte sich aber nicht nur negativ auf dem Arbeitsmarkt aus, andere Sozialkassen wie die Kranken und Pflegeversicherung und vor allem die Rentenversicherung wurden massiv betroffen. Rentner aus dem sozialistischen System, die nie in die Rentenkasse der westdeutschen Versicherungssysteme eingezahlt hatten, mussten nun zusätzlich versorgt werden. Dies gelang nur mit weiteren Erhöhungen der Beiträge und wirkte sich wiederum indirekt sinkend auf die Reallöhne.

Eine verstärkte Belastung der finanziellen Lage ging nicht nur durch höhere Sozialbeiträge, einer hohen Arbeitslosenquote und weiteren Transfers aus, die Wirtschaft wurde vielmehr durch falsch gesetzte Wechselkurse gravierend geschwächt. Die DDR – Mark wurde in einem Wechselkurs von teilweise 1:1 mit der westdeutschen Mark eingetauscht und somit westdeutsches Kapital abgewertet.[38] Die Wiedervereinigung macht das deutsche Beispiel des Wohlfahrtsstaates im internationalen Vergleich zu einem Sonderbeispiel und räumt hier einen erhöhten Aufhol- und Reformbedarf durch den deutschen Staat ein.

---

[35] Vgl. Lütz S., Czada R.; Wohlfahrtsstaat – Transformation und Perspektiven, VS Verlag 2004 Wiesbaden, S 132
[36] Vgl. http://www.bpb.de/wissen/02572031752394950135204654630408,1,0,Treuhandanstalt. html#art1 vom 29.05.2007
[37] Vgl. Steingart Gabor; Der Abstieg eines Superstars, 2004 Piper Verlag GmbH, München, S. 244
[38] Vgl. http://de.wikipedia.org/wiki/Mark_der_DDR vom 19.06.2007

2.1.5 Der föderale Aufbau und Vetospieler verhindern schnelle Reaktion auf Veränderungen.

Die Bundesrepublik Deutschland ist ein föderaler Bundesstaat, der aus 16. Bundesländern besteht, die in einer zweiten Kammer dem Bundesrat vertreten werden. Die Gesetzgebung bestreitet hier zunächst die erste Kammer den Bundestag und muss in einigen Fällen auch in einem zweiten Vorgehen durch den Bundesrat der zweiten Kammer verabschiedet werden, um die Interessen der Länder zu wahren. Weitere Vetospieler innerhalb dieses Systems sind die Zentralbank, das Bundesverfassungsgericht und der Bundespräsident als Kontrollinstanz.[39]

Die Reformfähigkeit und Reformgeschwindigkeit eines Staates hängt von der Anzahl und Macht der Vetospieler innerhalb des Systems ab. Viele Regierungen der BRD hatten in ihrer Legislaturperioden gegenläufige Mehrheiten im Bundesrat und könnten daher ihre Reformvorhaben schwer oder gar nicht durchbringen. Lediglich die Regierungszeit 1982-1990 besaß über die ganze Distanz von acht Jahren eine völlige Mehrheit in beiden Kammern.[40] Man könnte hieraus schließen, dass in dieser Regierungszeit die meisten Reformbeschlüsse verabschiedet wurden.

Das föderale Konstrukt dient einerseits zur Sicherung der Bundesländer vor einer möglichen Willkür durch die Bundesregierung, andrerseits ist dieses Konstrukt dafür verantwortlich, dass die Politik in diesem Land nicht angemessen und schnell auf die Herausforderungen der Gegenwart reagieren kann.

2.2 Exogene Faktoren und die Krise

2.2.1 Energiekrisen beenden „Wirtschaftswunder" und bewirken Abschwung

Der Energiebedarf der industrialisierten Welt wird zum größten Teil von den Öl-exportierenden Ländern des persischen Golfs gedeckt. Aufgrund der politischen Instabilität dieser Region korreliert der Öl- Preis größtenteils mit der politischen Lage dieser Region. Die Unterstützung der israelischen Truppen durch die westlichen Länder im Jom- Kippur- Krieg, bei dem syrische und ägyptische Truppen gegen

---

[39] Vgl. Rudzio Wolfgang; Das politische System der BRD, 2003 Verlag Leske+Buderich GmbH, Opladen, S. 319
[40] Vgl. Ebenda, S. 328

Israel vorgingen, bewirkte ein Drosselung des Öl- Abbaus durch die OPEC- Länder und bewirkte damit einen Anstieg des Öl- Preises.[41] Dieser Anstieg des Preises bewirkte Öl- Engpässe und die Lahmlegung der westlichen Ökonomien, die nicht auf diese Art von Krise vorbereitet waren. Das Wirtschaftswunder in West-Deutschland fand hiermit sein Ende und setzte das Rad der Krise in Bewegung. Die zweite Öl- Krise 1979/80, welche aufgrund innerpolitischer Entwicklungen im Iran, ausgelöst wurde traf die westliche Welt genau so hart wie die erste Krise.

Aufgrund der beiden Öl- Krisen, die innerhalb einer Dekade stattfanden, stehen die Siebziger für Abschwung und Einleitung der Krise dar. Die Weltwirtschaft wurde in dieser Periode abgebremst. Die Krisen raubten dem blühenden Wohlfahrtsstaat den finanziellen Rückhalt und sorgten in vielen Ländern für steigende Armutszahlen.

Aufgrund der Krisenhaftigkeit der persischen Öl- Exportländer mussten die industriali-sierten Länder mehrer Möglichkeiten entwickeln zukünftigen Krisen vorzubeugen. Zunächst wurden hier intensiv diplomatische Beziehungen eingerichtet und verstärkt, zudem versuchte und versucht man mithilfe anderer Energieträger wie Atomenergie, Wind und Wasserenergie die Monopolstellung des Öls einzudämmen. Hierzu werden auch verstärkt Forschungsausgaben in innovative Energieträger eingesetzt.[42]

Anders als die europäischen Staaten versuchen die USA ihre Energiepolitik zusätz-lich mithilfe des Militärs gestützt auf die „Carter Doktrin" zu betreiben. Hierzu stationieren die USA massive Truppen in den entsprechenden Regionen, um hier „stabilisierend" einzuwirken.[43]

2.2.2 Erhöhter Wettbewerb, bedingt durch Globalisierung, spitzt die Krise des Wohlfahrtstaates zu

Definition Globalisierung: Mit Globalisierung meint man im Grunde das verschwin-den von Staatsgrenzen als natürliche Begrenzung für jeweilige Volkswirtschaften.[44]

Die Globalisierung als Prozess lässt sich nur schwer auf ein Zeitpunkt oder Zeitperi-ode festlegen, eine Vielzahl an wissenschaftlichen Quellen hingegen versuchen die Globalisierungsprozesse anhand ihrer verheerenden Auswirkungen der letzten

---

[41] Vgl. Woyke Wichard; Handwörterbuch Internationale Politik, Verlag für Sozialwissenschaften, 2004 Wiesbaden,/ S. 181
[42] Vgl. Ebenda, S. 177 ff,.
[43] Vgl. Ebenda, S. 180
[44] Vgl. Information zur politischen Bildung, Bonn 2007, Staat und Wirtschaft, Fit für die Zukunft-Deutschland im Wandel, S. 6

Jahrzehnte auszumachen.[45] Die Auswirkungen dieser Entwicklung berühren Einflussgebiete von Individuen, Unternehmen, Institutionen, Staaten und internationalen Regierung- und Nichtregierungsorganisationen gleichermaßen. Statistisch lässt sich die ökonomische Globalisierung anhand der Entwicklung vom internationalen Handel und der damit verbundene Entwicklung des Exportes nachweisen. Laut einer Statistik der *UNCTAD* hat der internationale Handel gemessen an US- Dollar in den Zeitraum von 1980 bis 1998 erheblich zugenommen, der enorme Anstieg des Handels zeichnet sich insbesondere zwischen der Triade Westeuropas, Nordamerikas und der asiatisch- pazifischen Ländern aus.[46]

Zudem kann man die Entwicklung von Zollanteilen an den Einkaufspreisen von Industriegütern beobachten und hier den Schrankenabbau von internationalem Handel nachvollziehen. Laut einer Statistik der OECD Länder, die in der Enquete Kommission des deutschen Bundestages veröffentlicht wurde, fiel der Anteil an Zollkosten von etwa 40% im Jahre 1950 auf lediglich nur 6% im Jahre 1984.[47] Die ökonomische Globalisierung als solches läst sich aber auch an Statistischen Daten ausmachen, die den Anstieg von weltweitem Handel und Produktion darstellen. In dieser Tabelle ist zu entnehmen, dass der weltweite Handel und Produktion stetig zugenommen hat. So wurde in einer Tabelle der Enquete- Kommission der weltweite Handel und Produktion des Jahres 1950 mit einem Index von 100 versehen und die weitere Entwicklung beobachtet, hiernach stieg der weltweite Handel und Produktion im Jahre 2000 auf dem Indexwert von etwa 1900.[48]

Den Faktoren der Globalisierung unterliegen auch die Finanzmärkte, aufgrund schwindender Grenzen für Kapitalmärkte besitzen Anleger mehr Möglichkeiten von wachsenden Märkten in asiatischen Ländern zu profitieren, daher steigt der Druck auf Unternehmen in entwickelten Ländern diese Kapitalmärkte als Investition für sich zu nutzen. Die Direktinvestitionen, die in Deutschland durch das Ausland getätigt wurde nahmen im Hinblick einiger politischer Entscheidungen in den Jahren 1996 bis 1999 rasant zu.[49]

Der Anstieg ökonomischer Aktivität im internationalen Markt und der Abbau von nationalen Schranken erhöhen den Druck auf die entwickelten Volkswirtschaften und

---

[45] Vgl. Woyke Wichard'; Handwörterbuch Internationale Politik, Verlag für Sozialwissenschaften, 2004 Wiesbaden, S. 160f.
[46] Vgl. Tabellenverzeichnis, Tabelle 1.
[47] Vgl. Ebenda, Tabelle 2.
[48] Vgl. Tabellenverzeichnis, Tabelle 3.
[49] Vgl. Ebenda, Tabelle 6.

lassen diese in offenen Märkten mit anderen Ländern konkurrieren. Hierbei unterliegen entwickelte Länder einem höheren Druck, da diese höhere Standards besitzen, diese äußern sich in höhere Kosten und bewirken damit auch höhere Preise für jeweilige Produkte. Dieser Sachstand zwing die entwickelten Länder dazu intensiv Standortpolitik zu betreiben, dieses veranlassen sie durch Senkung von Steuern und den Rückzug staatlicher Aktivität. Hierzu gehören auch Mittel mit denen der Wohlfahrtsstaat finanziert wird. Sparmassnahmen werden aber nicht nur durch Staaten getätigt, vielmehr wirken sich globale Veränderungen auf die Machtkonstellation zwischen Arbeitgeber und Arbeitnehmer eines Landes aus. In entwickelten Ländern verschiebt sich die Machtkonstellation, aufgrund von ausreichenden Arbeiterpotential und einer Exit- Option ins günstigere Ausland, zu Gunsten von Arbeitgebern, die hieraus die Macht erhalten Arbeitspreise den Arbeitern und dem Staat vorzudiktieren.

Die Globalisierung verändert nicht nur ökonomische Felder, politische Zusammenarbeit hat in den letzten Jahrzehnten regional aber auch global zugenommen, dies lässt sich an wachsenden internationalen Verträgen und steigender Anzahl an NGO`s ausmachen.[50] Die internationale politische Kooperation findet in den meisten Fällen auf der Basis der Vereinten Nationen statt, verstärkt sind aber auch regionale Kooperationen zu beobachten, die die UN als weltweite Organisation umgehen.

---

[50] Vgl. Tabellenverzeichnis auf den Tabellen 4.und 5.

3. Liberaler Ansatz des britischen Musters und der Ausweg aus der Krise

Die liberale Wirtschaftspolitik basiert größtenteils auf die Wahrung der „individuellen Freiheit", diesbezüglich bedeutet dies für den „Souverän" den Staat eine maximale Rolle bei der Wahrung dieser persönlichen Freiheitsrechte, jedoch nur eine minimale Betätigung im Hinblick auf politisches Eingreifen.[51] Dies ordnete dem Staat eine „Nachtwächterfunktion" zu, die ihm große Pflichten zur Bewahrung der Freiheit beimisst, aber ihm Eingriffe verbietet. Wirtschaftspolitisch bedeutet dies eine „Laissez- faire" Ordnungsart, die dem Markt beinahe alle Grenzen offen lässt.

Die liberale Wirtschaftsordnung wurde im Verlauf des letzten Jahrhunderts durch Milton Friedman modernisiert und erlaubt dem Staat nun Eingriffe in den Wirtschaftspolitischen Bereichen bei der Behebung von negativen Externalitäten, der Fürsorge in Erziehungs- Angelegenheiten und bei der Brechung von Monopolen.[52]

Die liberale Wirtschaftspolitik wurde als ein Reformausweg für die Krise des deutschen Wohlfahrtsstaates in der Bachelor- Arbeit ausgesucht, da diese erfolgreiche Strategien zur Bekämpfung der Krisen in den angelsächsischen Ländern lieferte. Aufgrund liberaler Einschnitte in GB und in anderen Ländern wie den USA war es der Regierungen möglich die herrschende Krise in den Siebzigern zu bewältigen.

3.1 Historische Entwicklung und Aspekte liberaler/ neoliberaler Wirtschaftspolitik

Die liberale Wirtschaftspolitik wurde durch J. Stuart Mill im Jahre 1848 in der „Principles of Political Economy" aufgestellt. Die Ideologie der individuellen Freiheit und die Wahrung von Privateigentum waren zwei Hauptsäulen der Theorie. Das Werk sollte als Reaktion auf frühsozialistische Forderungen gegen privatkapitalistische Wirtschaftsordnungen verstanden werden. In seiner Theorie stellt Mill den Grundsatz der Freiheit auf, in der er den Einschnitt individueller Freiheitsrechte nur

---

[51] Vgl. Kromphardt Jürgen; Konzeptionen und Analysen des Kapitalismus- von seiner Entstehung bis zur Gegenwart, Vandenhoeck & Ruprecht in Göttingen 1980, S. 110 f,.
[52] Vgl. Ebenda, S. 182

durch Selbstschutz andrer Individuen oder Menschengruppen gerechtfertigt sieht.[53] Die Gesellschaft als solches soll bei Eingriffen einzelner Individuen in die Freiheit andrer Mitglieder gemeinsam reagieren und wiederum denen die Freiheit einschneiden. Individuelle Freiheit sollte nach Mill aber nicht jedem zugesprochen werden, reifen und Individuen in vollem Besitz ihrer Geisteskraft soll diese Freiheit gelten.[54] Mill sieht den Eingriff von Gesellschaftsstrukturen zur Bewahrung von individuellen Freiheitsrechten nur dann als gegeben, wenn die Handlungen von Individuen sich gegen die Freiheiten und Interessen von anderen Mitgliedern richten.[55] Die individuelle Freiheit soll dazu beitragen, dass sich individuelle Persönlichkeiten bilden und ihre Kreativen Fähigkeiten frei entwickeln können sollen.

Wirtschaftspolitisch bedeuten die individuellen Freiheitsrechte die Dominanz des Marktes über den politischen Steuerungsmerkmalen des Staates. Für mögliche Interventionen durch den Staat stellt Mill fünf Kategorien auf. Die erste Kategorie der staatlichen Interventionspflicht nimmt bei Mill die Bildung eines Individuums ein, hier muss der Staat eingreifen, damit allen Individuen die gleiche Möglichkeit zu Bildung zum Teil wird. Die zweite Kategorie der Interventionspflicht geht durch die Kinder und Jugendliche aus, die eigenen Interessen selbst nicht wahrnehmen können. Ein staatlicher Eingriff muss auch dann einhergehen, wenn festgestellt wird, dass in bestimmten Fällen ein Individuum seine Interessen nicht selbst beurteilen kann. Zudem sollen Monopole staatlich Kontrolliert oder den gemeindlichen Betrieben unterworfen werden. Als fünfte Kategorie nennt Mills das solidarische Handeln und sieht hier ein, dass nur ein gesellschaftlicher Zwang solidarisches Handeln garantieren kann.[56] Im Gütermarkt soll nach Mill ein unbeschränkter Wettbewerb herrschen, der Arbeitsmarkt hingegen soll der staatlichen Interventionspflicht unterworfen werden, um hier ein bestimmtes Arbeitsangebot staatlich zu Beschränken. Staatliche Aktivität soll zur Bildung von Gewerkschaften beitragen, da diese die Interessen und Freiheiten von Arbeitern am Effektivsten vertreten kann.[57]

Der Liberalismus als Wirtschaftsordnung wurde aufs schärfste im „Manchester Kapitalismus" übernommen, nur fehlten hier alle Formen der Intervention. Diese Art

---

[53] Vgl. Kromphardt Jürgen; Konzeptionen und Analysen des Kapitalismus- von seiner Entstehung bis zur Gegenwart, Vandenhoeck & Ruprecht in Göttingen 1980, S. 105
[54] Vgl. Ebenda, S. 106
[55] Vgl. Ebenda, S. 107
[56] Vgl. Ebenda, S. 110f.
[57] Vgl. Ebenda, S. 113

einer liberalen Wirtschafspolitik richtete sich für die Arbeitgeber und unterdrückte die Arbeitnehmer.

Am Ende des zweiten Weltkrieges herrschte in der westlichen Wirtschaftswelt die keynesianische Wirtschaftspolitik, die den Staat als Akteur im wirtschaftspolitischen Kreislauf sah. Die Krisen der Siebziger in denen Energie, Finanz- und Devisenmarktkrisen herrschten, hebelten die Theorie in vielen Ländern aus. Daher machten sich viele Wirtschaftswissenschaftler dazu auf die liberale Wirtschaftspolitik der modernen Zeit anzupassen und hier mit einer neuen liberalen Ordnung die Ökonomien zu retten. Die Modernisierung der liberalen Wirtschaftsordnung wurde durch Milton Friedman vorangetrieben, 1976 bekam dieser den Nobelpreis für Wirtschaftswissenschaften.

Friedman stellt in seiner Theorie die These auf, dass die Entwicklung des Sozialprodukts nicht von der gesteuerten staatlichen Nachfrage, sondern von der umlaufenden Geldmenge abhänge. Daher müsse der Staat massiv die monetäre Stabilität per Gesetz betreiben.[58] Zusätzlich müsse der Staat Monopole, durch massive Kontrollen und oder Privatisierung, bekämpfen und sich in Fragen der Erziehung und Berufswahl zurückhalten. Durch staatliche Zuwendung soll aber eine minimale Bildung gesetzlich garantiert werden, da der Bürger nur durch Wissen seine Freiheit ausnutzen und die des anderen nicht gefährden könne.[59] Zudem verbietet Milton Friedman die Einführung von Subventionen, da diese den Markt verzerren und zu unerwünschten Makroökonomischen Ergebnissen führten. Die staatlichen Tätigkeiten sollen auf einem minimalen Niveau gesenkt werden, um die arbeitende Bevölkerung nicht mit Abgaben zu bestrafen. Zudem sei die Behebung von negativen Externalitäten, die durch die Wirtschaft erzeugt würden, Aufgabe des Staates.[60]

---

[58] Vgl. Friedman Milton; Kapitalismus und Freiheit, Deutscher Taschenbuchverlag GmbH & Co. KG, München 1976, S. 80
[59] Vgl. Ebenda, S. 116
[60] Vgl. Kromphardt Jürgen; Konzeptionen und Analysen des Kapitalismus- von seiner Entstehung bis zur Gegenwart, Vandenhoeck & Ruprecht in Göttingen 1980, S. 182

3.2 Die ökonomische Krise in Großbritannien und Auswirkung liberaler Aspekte

3.2.1 Ausgangssituation in Großbritannien.

Der zweite Weltkrieg endete für Großbritannien wie auch für die Alliierten mit einem politisch- militärischen Sieg, jedoch mussten die politischen Erfolge in Großbritannien in anbetracht ökonomischer Anstrengungen relativiert werden. Der zweite Weltkrieg beendete aufgrund der ökonomischen Anstrengungen die Weltvormachtstellung des Vereinigten Königreichs, da die britische Führung unter Winston Churchill ökonomische wie auch militärische Hilfen aus den USA bezog und von diesen abhängig wurde. Diese Finanzhilfen verursachten eine Verdreifachung der Staatsschulden und kosteten dem britischen Königreich zwei drittel des Außenhandelsvolumens.

Die Ausgangssituation wurde durch den zweiten Weltkrieg in Großbritannien dahingehend verändert, dass die Arbeiterorganisationen, die durch den zweiten Weltkrieg verstärkt wurden, das Gleichgewicht zwischen Arbeitgebern und Arbeitnehmer zu Gunsten der Arbeitnehmer verschoben hatten. Die geschaffenen Kooperationsstrukturen, welche während des zweiten Weltkrieges entstanden, machten die soziale Herkunft der Menschen zur zweitrangigen Sache. Als wichtiger wurde die Zusammenarbeit der gesamten Bevölkerung angesehen, um die Gefahr einer deutschen Invasion zu entgegnen und den zweiten Weltkrieg gegen Nazi- Deutschland zu gewinnen. So entstand 1942 der Beveridge- Report, dass auf Prinzipien von Universalität und Gleichheit beruht. Dieser Plan sollte mit den fünf Risikokategorien, die auf Not, Krankheit, Unwissenheit, Schmutz und Tatenlosigkeit zielten auf die Minimierung dieser gesellschaftlichen Risiken hinwirken.[61]

Die neugewählte Labour Regierung unter dem Premierminister Clement Atlee musste diese neue Konstellation der britische Gesellschaft aufnehmen und führte dementsprechend eine keynesianische Wirtschaftspolitik ein, die dem Staat erlaubt massiv in den Konjunkturverlauf als Akteur einzugreifen und hiermit stabilisierend zu wirken. Die Einmischung aus staatlicher Seite trug nach dem zweiten Weltkrieg schnell Früchte und äußerte sich in einem National Health Service, der Steuerfinanziert wurde und universal allen Bürgern Großbritanniens zur Verfügung stehen

---

[61] Vgl. Kaufmann Franz Xaver; Varianten des Wohlfahrtsstaates, Suhrkamp Verlag, 2003 Frankfurt am Main, S. 147

sollte, zudem wurden Beitragsfinanzierte Sozialversicherungen eingeführt. Die weitere Verstaatlichung wurde im Bereich der Kohlen- und Stahlindustrie und der Eisenbahn deutlicher und zeigte die neue Macht des Staates.[62] Die neue Wirtschaftsdoktrin konnte aufgrund unitarischer Strukturen des Staates und einem herrschenden Mehrheitswahlrecht, der die Vetospieler enorm verringert, sehr schnell in die Praxis umgesetzt werden. Die Gewerkschaften erhielten eine sehr starke Position und konnten ein hohes Lohnniveau erzielen. Das hohe Lohnniveau bewirkte wiederum eine sinkende Produktivität, sicherte aber eine weitgehende „Vollbeschäftigung". So verringerte sich nur fünf Jahre nach dem zweiten Weltkrieg die Arbeitslosenquote auf nur 1,7%.[63] Der hohe Beschäftigungsgrad spiegelte aber nicht die eigentliche Stärke der britischen Ökonomie wieder, vielmehr basierte die erfreuliche Arbeitsmarktlage lediglich auf den vorhandenen Konsens der Politik. Der Wirtschaftswachstum als Indikator für wirtschaftliche Entwicklung beschreibt für die britische Ökonomie einen im Vergleich mit anderen OECD- Ländern niedrige Entwicklung der Wirtschaft in einer langen Zeitperiode. Für die Zeitperiode 1950 bis 1973 wuchs die britische Ökonomie durchschnittlich um 2,93% und liegt hiermit unter dem westeuropäischen Durchschnitt, der für diese Periode bei 4,79% lag.[64] Aufgrund der starken Position der Gewerkschaften stiegen die Löhne über der eigentlichen Produktivität und bewirkten damit die Abwertung des Pfundes. Das britische Lohnniveau war in der Periode der Nachkriegszeit im westeuropäischen Vergleich hoch angesiedelt und bewirkte eine Inflation des Pfundes. Die Inflationsrate stieg beängstigend in der zehnjährigen Periode von 1961 bis 1971 im durchschnitt um ca. 4% und veranlasste damit einen drastischen Anstieg der Lebenserhaltungskosten. Zudem wurde die Situation durch ein Dauerdefizit des Außenhandels erschwert.[65] Die keynesianische Wirtschaftspolitik, die durch die britische Regierung angestrebt wurde, erhöhte die Investitionsquote des Staates. Hierzu erhöhte sich in der Nachkriegszeit die Sozialleistungsquote. Laut einer OECD Statistik erhöhte sich die Sozialleistungsquote in Großbritannien bis zu dem Jahr 1960 auf einen Niveau von 19,8% des BIP.[66] Aufgrund des Beveridge- Modells, welches auf eine Steuerfinanzierung beruht, war der Umfang der Versicherten auf einer Universalistischen

---

[62] Vgl. Kastendiek H., Sturm R.; Länderbericht Großbritannien, bpb 2006 Bonn, S. 415f.
[63] Vgl. Ebenda, S. 416
[64] Vgl. Ebenda, S. 412
[65] Vgl. http://www.bpb.de/publikationen/0057760494721955323129410446435,1,0,Entwicklung_Gro%DFbritanniens_seit_1945.html vom 03.07.2007
[66] Vgl. Schmidt Manfred G.; Sozialpolitik in Deutschland, VS Verlag 2005 Wiesbaden, S. 200

Ideologie aufgebaut und sollte die gesamte Bevölkerung einbeziehen. Die wohlfahrtsstaatlichen Strukturen erlaubten die Einbeziehung aller Bevölkerungsstrukturen, vollzogen dies aber auf ein niedriges Niveau der Versorgung. Der Organisationsgrad der Arbeiterschaft lag bei einem hohen Niveau und erlaubte den Gewerkschaften auch durch den politischen Konsens die maximale Wahrung der Arbeiterin-Arbeiterinteressen.

Der Lebensstandard der britischen Bevölkerung konnte durch die aufblühende, aber doch im internationalen Vergleich schwach wachsende Volkswirtschaft, entscheidend verbessert werden. Im Allgemeinen kann man für diese Anfangsphase von einem Bruch der Pfadabhängigkeit der britischen Institutionsentwicklung sprechen, da wir hier von einem liberalen Entwicklungspfad vor den Weltkriegen hin zu einem eher sozialistischen sprechen müssen.

3.2.2 Krise der britischen Konsensökonomie

Die Zeitperiode der Nachkriegszeit brachte für Großbritannien eine blühende Wirtschaft und die Anhebung des Lebensstandards mit sich. Der trügerische Schein währte aber nicht lange und es zeigte sich schnell, dass die britische Ökonomie durch den zweiten Weltkrieg massiv verschuldet war und ihre Währung das Vertrauen der Gläubiger verloren hatte. Die Selbstverpflichtung des neuen britischen Staates waren vielseitig und implizierten die Vollbeschäftigung um jeden Preis, die Stärkung der Währung als Zeichen eines starken Staates, die Einbeziehung der Gewerkschaften in Wirtschaftsentscheidungen, ein solider Wohlfahrtsstaat und eine gemischte Ökonomie die „mixed economy" aus privaten und staatlichen Unternehmen.[67] Die enorme Anzahl an Selbstverpflichtungen lässt erkennen, dass der britische Staat hier enorme Anstrengung leisten musste, um die einzelnen Vorhaben durchzusetzen. Aufgrund wirtschaftlicher Schwächen, die mit einer starken Währung und sinkenden Exportvolumen einhergehen und zudem ein niedrige Wachstumsraten hervorrufen, befand sich die britische Ökonomie vor einer nahenden Krise. Das Wirtschaftswachstum mit durchschnittlich 2,93 % blieb in der Zeitperiode 1950 bis 1973 klar unter den Wachstumsraten im übrigen Westeuropa, welches durchschnittlich doppelt so hoch lagen.[68] Die starke Währung, welches als Kriterium der Regierung galt, verhinderte

---

[67] Vgl. Kastendiek H., Sturm R.; Länderbericht Großbritannien, bpb 2006 Bonn, S. 415
[68] Vgl. Ebenda, S. 412

aufgrund hoher Preise ein Wachstum bei den Exportbranchen des Landes und bevorzugte im Gegenteil höhere Importe. Der Abbau des Industriesektors vollzog sich aus diesem Grunde in Großbritannien schneller als in den westeuropäischen Ländern und bewirkte die Erweiterung des Dienstleistungssektors, welches durch den öffentlichen Sektor verstärkt wurde.[69] Die Autoindustrie als wichtigste Exportbranche in der Nachkriegszeit schrumpfte in Großbritannien und wurde allmählich durch die westdeutsche Autoindustrie überholt. Produzierte die britische Autoindustriebranche im Jahre 1950 zweieinhalb so viele Wagen wie die westdeutsche Industrie, so änderte sich dieses nur dreizehn Jahre später wo die deutsche Autoindustriebranche 35% mehr produzierte wie die britische Industrie.[70]

Ein weiterer Grund für die schwäche der britischen Ökonomie war die fehlende dynamische Orientierungen der Unternehmen, die in der Zeitperiode des Wiederaufbaus in Westeuropa sich nicht auf diese Märkte spezialisierte, sondern sich immer noch auf die alten Märkte des „Empires" konzentrierte. Diese alten „Kolonialmärkte" kennzeichneten sich im Gegensatz zu den westeuropäischen nicht durch ein starkes Wachstum, dass zum größten Teil durch den „Marschallplan" bedingt wurde. Das versprechen der Regierung um jeden Preis eine Vollbeschäftigung zu gewährleisten konnte nur durch starken Wachstum realisiert werden. Das Wirtschaftswachstum in Großbritannien nach dem zweiten Weltkrieg entwickelte sich aber auf einem niedrigen Niveau und hätte ohne die Konsensvereinbarung der politisch- wirtschaftlichen Faktoren nicht die Vollbeschäftigung bewirken können. Hieraus wird klar, dass die britische Ökonomie ein Problem der Produktivität entwickelte und somit die Konkurrenzfähigkeit bedroht war. Zudem kam die starke Position der Gewerkschaften hinzu, die jeglichen Abbau von Arbeitsplätzen verhinderte. Die starke Rolle der Gewerkschaften schwächte die Ökonomie nicht nur durch Vollbeschäftigungsvorgaben, sondern auch durch hohe Lohnansprüche. Die hohen Lohnansprüche konnten die Gewerkschaften mithilfe ihrer Machtposition und ihrer Verbindung zu der Labour Partei durchsetzen und schadeten ihren Unternehmen, die die Löhne auch auf ihre Preise weitergaben. Die hohen Löhne hatten wiederum den Nachteil steigender Inflationsraten und werteten die Währung ab. Infolgedessen erhöhten sich die Löhnforderungen insbesondere die Lohnforderung der radikalen Bergarbeitergewerkschaft, die im Jahre 1973 einen Lohnzuwachs von 25% verlangte, dies in

---

[69] Vgl. Kastendiek H., Sturm R.; Länderbericht Großbritannien, bpb 2006 Bonn, S. 417
[70] Vgl. Ebenda, S. 416

Verbindung mit der ersten Öl- Krise verursachten den Anstieg der Inflationsrate enorm, die dann einen Höchstwert von 24,3% im Jahre 1975 erreichte.[71]

Im Rückblick dieser Entwicklungen war es nicht verwunderlich, dass die britische Ökonomie den Pakt der Vollbeschäftigung nicht einhalten konnte. Die Arbeitslosenquote stiege aufgrund dieser Entwicklungen und erreichte im Jahre 1972 einen Wert von 4,2%, dieser Wert erhöhte sich in den folgenden Jahren auf einen Wert von 5,7% in den Jahren 1977/78.[72] Hiermit war der Konsens einer Vollbeschäftigung um jeden Preis verloren und die Unternehmen stellten sich hiermit ihrer Realität. Die Sozialleistungsquote erhöhte sich aufgrund der erhöhten Arbeitslosequoten auf 20,1% im Jahre 1975 und belastete die Ökonomie zusätzlich.[73]

Im Jahre 1976 musste die britische Regierung aufgrund der Krisenhaftigkeit ein langfristiges Kredit bei der IWF in der Höhe von ca. 4 Mrd. Dollar aufnehmen und machte sich damit von den Auflagen des IWF abhängig.

Aufgrund der Versuche der neuen Regierung unter dem Premierminister James Callaghan die Inflation mithilfe einer Restriktion der Lohnforderung durch Gewerkschaften per Gesetz anzuordnen scheiterte die Konsensökonomie und wurde durch Streiks lahm gelegt. Das Ergebnis hieraus sind Landesweite Streiks im öffentlichen- und Industriesektor, die im Zeitraum vom November 1978 bis März 1979 das ganze Land lahm legten.[74]

Das Scheitern der Konsensökonomie implizierte erneute Neuwahlen im Jahre 1979 in Großbritannien und ebnete den Weg für radikale Reformen, die aufgrund veränderter Machtkonstellationen in Großbritannien und der verschärften Wirtschaftskrise sich rasch vollziehen sollten.

3.2.3 Liberale Reformen unter M. Thatcher

Die neue Regierung unter dem Premier M. Thatcher übernahm 1979 ein sich in der Krise befindliche Ökonomie, die aufgrund überhöhter Selbstverpflichtungen des Staates kollabiert war. Die neugewählte Regierung und insbesondere der Premierminister hatten eine andere Auffassung der Wirtschaftspolitik als die, welche im Land praktiziert wurde. Die Krise des britischen Staates sollte mithilfe der neoliberalen

---

[71] Vgl. Kastendiek H., Sturm R.; Länderbericht Großbritannien, bpb 2006 Bonn, S. 418
[72] Vgl. Ebenda, S. 418
[73] Vgl. Schmid Josef; Wohlfahrtsstaaten im Vergleich, Leske +Buderich, Opladen 1996, S. 96
[74] Vgl. Kastendiek H., Sturm R.; Länderbericht Großbritannien, bpb 2006 Bonn, S. 419

Wirtschaftsordnung behoben werden, im Besonderen aber verdienten die Gewerkschaften die volle Aufmerksamkeit der neuen Regierung.

Die Aufgabefelder des Staates sollten sich nach der neuen Regierung dahingehend verändern, dass dieser keine keynesianische Konjunkturpolitik betreibt und auch nicht mehr aktiv in die Ökonomie interveniert. Vielmehr sollte der Staat zum einen die Interventionspflicht zurückschrauben und zum anderen neue Formen konstruieren mit denen dieser die Flexibilisierung und Dynamisierung der Ökonomie betreiben kann. Hierzu sollen nach neoliberaler Wirtschaftspolitik alle staatlichen Unternehmen privatisiert werden, zudem sollen die staatlichen Beschränkungen dereguliert und insbesondere die Macht der Gewerkschaften gebrochen werden. Der neue Staat sollte sich nicht mehr als Verantwortlicher der Arbeitslosigkeit verstehen und somit verfällt der Konsens der Vollbeschäftigung. Weitere Aufgaben des Staates soll die Stabilität des Finanzwesens sein, dass bei der neoliberalen Wirtschaftspolitik als Säule der wirtschaftlichen Stabilität gilt.[75]

Den Hauptstützpfeiler der neuen Wirtschaftspolitik stellte die Privatisierung dar, bei der zahlreiche staatlich organisierte Unternehmen privatisieren wurden. Gründe hierfür stellten nach den Vorgaben der Regierung die Drosselung der Staatsausgaben in den Bereichen der Subventionierung und in bei den Löhnen und Verwaltung der öffentlichen Untenehmen. Zudem sollte die Welle der Privatisierung die britische Ökonomie effizienter in dem Bereich der Produktivität gestalten, dies ließe sich nach neoliberalen Aspekten nur unter Markt- und Wettbewerbsbedingungen erreichen. Der Verkauf staatlicher Unternehmen sollte die Staatskassen entlasten und die Verschuldung minimieren. Durch den Verkauf staatlicher Unternehmen wurden in der Zeitperiode 1979 bis 1987 eine Summe von mehr als 18 Mrd. Pfund erwirtschaftet.[76] Zudem konnte der Staat durch den Verkauf der staatlichen Unternehmen die Zuschüsse massiv herunterdrücken und bewirkte damit eine doppelte Entlastung der öffentlichen Ausgaben. Die Ausgaben in dem Bereich der öffentlichen Zuschüsse konnten von mehren Milliarden Pfund auf wenige Millionen gesenkt werden. Daneben beschloss die Regierung die Sozialwohnungen zu einem niedrigen Preis zu verkaufen und erlanget dadurch zusätzliches Kapital in Höhe von mehren Milliarden. Aufgrund der massiven Privatisierung kann man in dem Beispiel Großbritannien nicht mehr von einer „mixed economy" ausgegangen werden.

---

[75] Vgl. Kastendiek H., Sturm R.; Länderbericht Großbritannien, bpb 2006 Bonn, S. 420f,.
[76] Vgl. Ebenda, S. 421

Die Privatisierung bewirkte zunächst einen höheren Wettbewerb unter den Unternehmen und machte die niedrige Produktivität, die durch den Vollbeschäftigungspakt hervorging, sichtbar. Daraufhin beschlossen die nun privaten Unternehmen die weitere Erhöhung ihrer Produktivität und entließen unzählige Arbeitnehmer und ersetzten diese mithilfe von Kapital. Die Arbeitslosenquote stieg daraufhin von einer Quote von 5,1% im Jahre 1979 auf 12% im Jahre 1983.[77] Die Entlassungen berührten die Sektoren ungleichmäßig und verursachten schwindende Arbeitsplätze im Besonderen auf dem Industrie- Sektor. Sehr stark betroffen waren die Untenehmen der verarbeitenden Industrie, hier sank die Erwerbstätigkeit in dem Zeitraum 1979 bis 1987 um mehr als 30% oder um mehr als zwei Millionen Arbeitsplätze zurück.[78] Die hohe Arbeitslosigkeit erschwerte die gesamte ökonomische Lage und wirkte sich negativ auf den Wohlfahrtsstaat aus. Die erschwerte Situation, welche verbunden mit einem Anstieg der Sozialleistungsquote und der gesamten Staatsquote einherging, erschwerte der neuen Regierung die Manövrierfähigkeit. Die Sozialeistungsquote erhöhte sich trotz massivem Abbau und Selektionsmechanismen, die den Bezug präzise im Einzelfall untersuchen sollten. Die Sozialleistungsquote stieg in der fünf jährigen Periode von 1970 bis 1975 von 15,9% des BIP auf 20,1%.[79] Die Staatsquote folgte dieser Entwicklung und erhöhte sich auch von 42,8% im Jahre 1979 auf 48% im Jahre 1984.

Die Regierung Thatcher unternahm im Zuge der Liberalisierung Maßnahmen zur Eindämmung der Inflation und zur Stärkung des Pfundes als Vertrauenswährung im internationalen Handel. Zunächst beschloss die Regierung mit einer mittelfristigen Budgetplanung die Ausgaben auf einen festen Wert zu Stabilisieren, um somit die Staatsquote auf einen Niveau festzulegen. Zudem besiegelte die Regierung aktiv die Entwicklung der Geldmenge zu überwachen und damit einen weiteren Bestand der neoliberalen Wirtschaftspolitik einzuführen, die auf dem Monetarismus beruht. Der Finanzmarkt genoss eine weitreichende Deregulierung durch die staatliche Seite und konnte aufgrund massiver Regulierungen in anderen Staaten sich in Großbritannien durch den Zuzug ausländischer Banken entwickeln.[80]

---

[77] Vgl. http://www.bpb.de/publikationen/0041452478847112074329216594912 0,0, Wirtschafts-system_und_Wirtschaftspolitik.html vom 05.07.2007
[78] Vgl. Kastendiek H., Sturm R.; Länderbericht Großbritannien, bpb 2006 Bonn, S. 422
[79] Vgl. Schmid Josef; Wohlfahrtsstaaten im Vergleich, Leske +Buderich, Opladen 1996, S. 96
[80] Vgl. Kastendiek H., Sturm R.; Länderbericht Großbritannien, bpb 2006 Bonn, S. 422.

Der Hauptbestandteil der neuen Gesetzgebung beschäftigte sich mit der Einschränkung der gewerkschaftlichen Macht und führte diesbezüglich Gesetze ein, die zur innerlichen Demokratisierung der Gewerkschaften führen sollten. Die Demokratisierungskampagne wurde für die Öffentlichkeit benutzt, um möglichen Sympathisanten die Möglichkeit der Gegenwehr zu nehmen und den Anschein einer Rechtsstaatlichkeit zu bewahren. Im Grund wollte man aber nur die Macht der Gewerkschaft brechen und führte diesbezüglich die geheime und zeitlich beschränkte Wahl des Anführers und eine Urabstimmung, die über mögliche Streiks entscheiden sollte.[81]

Die Liberalisierung der britischen Ökonomie trug dazu bei, dass der britische Konsens der Nachkriegszeit aufgelöst wurde und beinah auf allen Ökonomiefeldern ein anderes System eingeführt wurde. Mithilfe der liberalen Aspekte wie weiter oben genannt konnte die Inflation in den Verlauf der Achtziger Jahre zurückgeführt werden und sich im Großen und Ganzen auf einen Wert um 5% stabilisieren. Der Wirtschaftswachstum als Indikator der wirtschaftlichen Entwicklung glich sich im Gegensatz zu der Zeitperiode nach dem zweiten Weltkrieg dem westeuropäischen Wachstum an, der bei einem Durchschnitt von ca. 2,2% lag, und führte zu leichten Verbesserungen auf dem Arbeitsmarkt. Aufgrund einer sehr niedrigen Produktivität in der Nachkriegszeit, die mit dem Pakt der Vollbeschäftigung einherging, konnten die Unternehmen trotz niedrigen Löhnen und großem Wirtschaftswachstum die Arbeitslosigkeit nicht beseitigen oder auf einem niedrigen Niveau zurückführen. Daher verharrte die Arbeitslosigkeit auf einen im Vergleich mit anderen OECD- Mitgliedern hohen Wert und besaß über die ganze Zeitperiode bis 1987 einen Wert leicht über der zehn Prozent Marke. Erst 1988 zeigten sich die Reformen aus und die Arbeitslosenquote sank unter der zehn Prozent Marke. Die liberalen Methoden ließen einen Abbau der wohlfahrtsstaatlichen Aspekte zu und verschärften die Auslese der Empfänger. Die Sozialleistungsquote konnte dadurch auf einen im OECD vergleich niedrigen Wert gedrückt werden. So war es möglich die Sozialleistungsquote stabil bei 20 bis 25% des BIP zu halten und zu stabilisieren.[82] Da die alten Empfänger der Zuschüsse minimiert waren, wendete sich die Regierung wettbewerbsstarken Unternehmen zu, die im Bereich der neuen Technologien tätig waren. Hiermit wollte man in innovative Technologien investieren und die Arbeitsplätze der Zukunft sichern.

---

[81] Vgl. Kastendiek H., Sturm R.; Länderbericht Großbritannien, bpb 2006 Bonn, S. 421
[82] Vgl. Vgl. http://www.bpb.de/publikationen/00414524788471120743292165949120,0, Wirtschaftssystem_und_Wirtschaftspolitik.html vom 05.07.2007

Der Abbau wohlfahrtsstaatlicher Komponenten wirkte sich sehr stark auf die armen Schichten der britischen Gesellschaft aus. Die Auslese der Empfänger von Leistungen führte dazu, dass nur ein Anteil der Arbeitslosen auch die benötigte Hilfe bekam. So sank der Anteil der Arbeitslosen, die Unterstützung erhielt dramatisch ab, 1975 erhielten 49% der Arbeitslosen auch ihre erforderliche Hilfe zum Lebensunterhalt, nur acht Jahre später im Jahre 1983 erhielten nur noch 31% die benötigte Hilfe, die auch wesentlich herabgestuft wurde und nur ca. 20% eines Durchschnittsverdienstes eines normalen Industriearbeiters hatte.[83] Zudem wurde die Armut durch sehr stark sinkende Löhne erhöht und berührte zum größten Teil junge Menschen, deren Arbeitskraft für die britischen Unternehmen nur einen geringen Wert besaß.

Zuletzt kann man aber behaupten, dass abgesehen von der hohen Arbeitslosigkeit und der Verarmung, die wiederum am Ende der Achtziger und zu Beginn der Neunziger sich abbaute, die liberalen Reformen in Großbritannien zu einer Verbesserung und Steigerung der Konkurrenzfähigkeit der britischen Ökonomie geführt haben.

Großbritannien ist aber nicht das einzige Land, welches neoliberale Aspekte zur Bewältigung von wirtschafts- Krisen angewendet hat. Vielmehr gibt es hier eine Reihe von Ländern, die sich dieser Wirtschaftsordnung bedienten und zu ähnlichen Ergebnissen gelangten. Zu erwähnen sind hier die Vereinigten Staaten, die unter dem Präsidenten Ronald Regan massiv neoliberale Aspekte zum Einsatz brachten. Der Einsatz neoliberaler Aspekte in den USA wurde jedoch intensiver als in GB eingesetzt, diese führte dort dazu, dass der Umfang und Art von wohlfahrtsstaatlicher Leistung verändert wurde. Die Wirtschaftspolitik unter Regan hatte zum Ziel den Einfluss des Staates in der Wirtschaft zu reduzieren, die Senkung des Staatsanteils am BSP, die Schaffung von Leistungsanreizen für Haushalte und Unternehmen durch Verringerung von Steuern und schließlich die Stärkung des Dollars zur Erhöhung der Wettbewerbsfähigkeit.[84] Hiermit erlangte man wie auch in GB einen ökonomischen Aufschwung, der sich aber negativ für den Wohlfahrtsstaat auswirkte. So verstärkte sich die Armutsquote auch in den USA und führte zudem dazu, dass gering qualifizierte Arbeiter zur Sicherung ihres Lebensunterhalts mehrere Jobs annehmen mussten.

---

[83] Vgl. Schmid Josef; Wohlfahrtsstaaten im Vergleich, Leske +Buderich, Opladen 1996, S. 100f,.
[84] Vgl. Guterman S. Siegfried; Politik und Wirtschaft in den USA, 1985 Westdeutscher Verlag, S. 85

4. Sozialdemokratie des „Schwedischen" Musters ebnet den Weg aus der Krise

Die sozialdemokratische Wirtschaftspolitik beruht vorwiegend auf die „keynesianische Wirtschaftsordnung", welche dem Staat eine aktive Rolle in den Konjunkturzyklen der Ökonomie zuschreibt. Die keynesianische Wirtschaftsordnung wurde durch John Maynard Keynes nach der großen Weltwirtschaftskrise der Dreißiger entwickelt und sollte dem Staat die Möglichkeit geben seine Ökonomie vor möglichen Krisen zu schützen.[85] Die neue Theorie Keynes erlaubte dem Staat eine aktive Rolle in rezessiven Phasen der Konjunktur wahrzunehmen, in Phasen des Aufschwunges hingegen sollte der Staat dem Markt einen höheren Einfluss überlassen.

Die Wirtschaftspolitik des „schwedischen Modells" beruht auf ähnliche Grundannahmen des Keynesianismus, basiert jedoch in ihrer Anfangszeit vor dem zweiten Weltkrieg auf die „Stockholm School", welcher theoretische Aspekt des Keynesianismus vertrat. Später ab den Fünfziger und bis zu Beginn der Sechsziger wird die keynesianische Wirtschaftspolitik mit der Ausarbeitung von den beiden Gewerkschaftsökonomen Gösta Rehn und Rudolf Meidner erweitert. Hauptpfeiler dieser neuen Theorie sollen die solidarische Lohnpolitik und der aktive Arbeitsmarkt unter den Bedingungen der Vollbeschäftigung, einer niedrigen Inflationsrate und stabilem Wachstum sein.[86] Zu Beginn der Achtziger muss auch Schweden seine Wirtschaftspolitik überdenken und versucht es mit seinem „Dritten Weg", welches das keynesianische Modell zur Vollbeschäftigung in Frage stellt, sich aber auch von der Nichtintervention der Monetaristen abwendet. Schweden hat mithilfe dieser neuen Theorie die Wirtschaftskrise der Siebziger überwinden können. Aufgrund dieses Erfolges in den Siebzigern und den Achtzigern, bei dem wohlfahrtsstaatliche Aspekte nur gering angetastet wurden und die Wirtschaftskrise bewältigt wurde, habe ich das Beispiel Schweden ausgewählt, um hier einen erfolgreichen Kandidaten sozialdemokratischer Anstrengungen darzustellen.

---

[85] Vgl. Kromphardt Jürgen; Konzeptionen und Analysen des Kapitalismus- von seiner Entstehung bis zur Gegenwart, Vandenhoeck & Ruprecht in Göttingen 1980, S. 169ff,.
[86] Vgl. Riegler H. Claudius, Schneider Olaf; Schweden im Wandel- Entwicklungen, Probleme, Perspektiven, Berlin Verlag 1999, S. 51

4.1 Historischer Abriss und Aspekte „sozialdemokratischer" Wirtschaftspolitik

Nach der „großen Depression" der Dreißiger wendeten sich viele westliche Industrieländer von einer Laissez-fairen Wirtschaftsordnungen ab und versuchten mithilfe staatlicher Eingriffe ihre Ökonomien zu Stabilisieren. Die keynesianische Wirtschaftspolitik wurde 1936 in der Allgemeinen Theorie der Beschäftigung, des Zinses und des Geldes durch John Maynard Keynes veröffentlicht, diese geht davon aus, dass die Ökonomie immanent instabil ist und daher selbstständig keine Vollbeschäftigung erzeugen könne.[87] Die Instabilität sei ein Produkt der Ungewissheit und der Unsicherheit der Erwartungen, der die Beteiligten Haushalte und privaten Unternehmen unterstehen. Dieser Zustand bewirkt eine Fehlentwicklung der Ökonomie und sorgt immerwährend für Krisen und Ungleichgewichten. Daher legte Keynes wirtschaftspolitische Empfehlungen vor, die Staaten umsetzen sollten, um die Innstabilität der jeweiligen Ökonomie aufzuheben. Zunächst schlägt Keynes vor, das Investitionsvolumen nicht in privaten Händen zu überlassen, sondern vielmehr durch staatliche Institutionen zu Regulieren, außerdem bewirke nach Keynes ein höhere Geldmenge nicht automatisch die Zunahme der Produktion und der Einkommen vielmehr musste der Staat die Nachfrage stärken und die Geschäftswelt veranlassen diese Geldmenge auch zu gebrauchen.[88] Die Übernahme ökonomischer Mechanismen durch den Staat soll die Nachfrage stärken, da diese für Keynes den Hauptbestand einer stabilen Ökonomie bildet. Hierfür soll der Staat seine Ausgaben konjunkturpolitisch steuern, um Einkommen und Beschäftigung zu kontrollieren.[89] Der Staat sollte die gesamte Verantwortung für die Investitionen innehaben. Zudem muss ein stabiles wirtschaftliches Gleichgewicht nicht zwangsweise eine Vollbeschäftigung erwirken, vielmehr kann ein Gleichgewicht des Angebots und der Nachfrage auch bei einem Unterbeschäftigungsgleichgewicht stattfinden. Sparvorhaben des privaten Sektors sind vorteilhaft nur für die einzelnen Akteure, für die Makroökonomie ist dies schädlich, da nötige Investitionen ausbleiben. Zusammengefasst schlägt Keynes die staatliche Übernahme der Verantwortung über die Investitionen vor und die Steuerung staatlicher Ausgaben in anbetracht konjunkturzyklischer Entwicklungen.

---

[87] Vgl. Kromphardt Jürgen; Konzeptionen und Analysen des Kapitalismus- von seiner Entstehung bis zur Gegenwart, Vandenhoeck & Ruprecht in Göttingen 1980, S. 169
[88] Vgl. Ebenda, S. 172
[89] Vgl. Ebenda, S. 173

Der blühende ökonomische Aufschwung der Nachkriegszeit und die Energiekrisen der Siebziger hebelten viele Aspekte keynesianischer Wirtschaftspolitik aus und machten den Einbezug neuer Theorien nötig. Einige industrialisierte Länder verfielen wieder den alten klassisch liberalen Theorien, andere hingegen entwickelten neue gesellschaftsverträglich Theorien und übernahmen die Fortschritte der keynesinaischen Wirtschaftspolitik. Für die schwedische Soziademokratie entwickelten die beiden Wirtschaftswissenschaftler Gösta Rehn und Rudolf Meidner Mitte der Fünfziger eine Theorie mit der, der schwedische Staat in Zeiten der ökonomischen Überhitzung der späten Fünfziger und in den Krisenzeiten zu Beginn der Sechsziger die Wirtschaft ausgestalten kann. Rehn und Meidner befürworten aktive Arbeitsmarktpolitik, um Vollbeschäftigung mit niedriger Inflation und Wachstum zu erreichen. Die neue Theorie führt den solidarischen Löhn ein, der für gleiche Arbeit auch den gleichen Entgelt vorsieht. Hiermit soll erreicht werden, dass Mittel von unproduktiven Unternehmen zu produktiven hin fließen sollen und somit unproduktive Branchen stillgelegt werden.[90] Die Höhe des solidarischen Lohns soll durch „objektive Arbeitsbewertung" festgelegt werden. Dieser Sachstand verstärkt den Strukturwandel und ermöglicht produktiven Unternehmen hohe Gewinne, die eine Inflation verstärken. Daher schlagen die beiden Wirtschaftswissenschaftler eine restriktive Wirtschaftspolitik vor, die das Inflationstempo verringern und das öffentliche Sparen vorantreiben soll. Diese Entwicklung setzt eine Vielzahl an Arbeitslosen frei der man nur mit aktiver Arbeitsmarktpolitik entgegnen kann. Für das erreichen der Vollbeschäftigung sollen aktiv Stellen vermittelt, die Nachfrage nach bestimmten Arbeitnehmern erzeugt werden und aktive Berufs- und Umschulungsmaßnahmen erfolgen. Zudem soll der Staat die generelle Mobilität der Arbeitnehmer erhöhen.[91] Das neue Modell finanziert sich durch hohe indirekte Steuern, die größtenteils auf Kosten der Unternehmen realisiert werden. Zusammengefasst versucht die Theorie von Rehn und Meidner die Vollbeschäftigung zu erreichen und zusätzlich Wachstum, ökonomische Stabilität, öffentliches Sparen und einem solidarischen Lohn zu gewährleisten.[92]

Die Energiekrisen der Siebziger und die expansive Beschäftigungspolitik, die hohe Staatsausgaben nach sich zog, machten die weitere Ausführung dieser Theorie nicht

---

[90] Vgl. Kromphardt Jürgen; Konzeptionen und Analysen des Kapitalismus- von seiner Entstehung bis zur Gegenwart, Vandenhoeck & Ruprecht in Göttingen 1980, S. 55
[91] Vgl. Ebenda, S. 55
[92] Vgl. Ebenda, S. 54

möglich. Daher versucht die schwedisch sozialdemokratische Regierung nach ihrer Wiederwahl 1982 einen neuen Systemweg anzugehen und entwickelt den „Dritten Weg" der Wirtschaftsordnung. Die Grundgedanken dieses neuen Weges beinhalten eine Exportoffensive, eine restriktive Fiskalpolitik und selektive arbeitsmarktpolitische Maßnahmen.[93] Die Exportoffensive sollte zunächst durch Währungsabwertung eingeleitet werden, im späteren Verlauf sah die Theorie jedoch die Stabilisierung der Währung vor, um gegen möglich steigenden Inflationsraten vorzugehen. Der „Dritte Weg" brachte dem schwedischen Staat eine wirksame Theorie zur Bekämpfung der entstandenen Krise und verursachte einen erneuten Aufschwung in den Achtzigern. Erst zu Beginn der Neunziger verschlechterte sich die schwedische wirtschafts- Lage erneut und erfordert neue Maßnahmen liberaler Wirtschaftpolitik.

4.2 Die ökonomische Krise in Schweden und Auswirkung „sozialdemokratischer Aspekte"

4.2.1 Ausgangssituation in Schweden

Die Ausgangssituation nach dem zweiten Weltkrieg ist in Schweden als außerordentlich positiv zu bezeichnen. Der zweite Weltkrieg unterbrach die Bemühungen der schwedischen Regierung eine stabile Ökonomie zu schaffen, störte dies aber nicht völlig, da Schweden während des gesamten Verlaufs des 20. Jahrhunderts die Doktrin der Neutralität bewahrte.

Nach dem zweiten Weltkrieg setzte sich das keynesianische Modell der Stabilisierungspolitik in beinahe allen westlichen Industrieländern durch. Schweden prognostizierte zunächst eine depressive Entwicklung der Wirtschaft wie nach dem ersten Weltkrieg und wurde durch den raschen Wiederaufbau und dem blühen der Ökonomie in Europa überrascht.[94] Der schnelle Wiederaufbau basierte größtenteils auf den Marschallplan und bewirkte, dass schwedische Industrieprodukte und Investitionsgüter in dem ganzen Kontinent übermäßig gefragt wurden. Dieser Konsum konnte zunächst befriedigt werden, da die schwedische Infrastruktur der Industrie durch den zweiten Weltkrieg verschont geblieben war. Der Konsum schwedischer Produkte

---

[93] Vgl. Riegler H. Claudius, Schneider Olaf; Schweden im Wandel- Entwicklungen, Probleme, Perspektiven, Berlin Verlag 1999, S. 268
[94] Vgl. Ebenda, S. 52

stieg jedoch rapide an, so dass die Industrie nicht ausreichend nachkam und einer Überhitzung zu wirkte. Die schwedische Regierung der Nachkriegszeit musste nun schnell reagieren und das Inflationstempo reduzieren, dies ließ sich nur mithilfe von Geldabwertungen, Preiskontrollen, dem Einfrieren hoher Unternehmensgewinne und der Regulierung des Bausektors bewerkstelligen. Hierzu wurde die schwedische Krone zunächst im Jahre 1946 um mehr als 17% abgewertet, um einer ausländischen Inflation entgegenzuwirken. Weitere Abwertungen erfolgten Ende der Vierziger bei dem die Krone um mehr als 30% abgewertet wurde.[95] Der Überhitzung der Ökonomie versuchte die Regierung mithilfe der Einfrierung von Gewinnen und der Steigerung von Investitions- und Exportabgaben abzuwenden. Die drastischen Abwertungen der Währung und die Koreakrise hatten zur Folge, dass die schwedische Ökonomie zu Beginn der Fünfziger eine sehr gute Ausgangssituation inne hatte und einen wirtschaftlichen Boom auslöste.

Aufgrund der sozialdemokratischen Partei und einem grundsätzlichen Verständnis der Bevölkerung, die seit den Dreißigern aufgebaut wurde, wurde der Wohlfahrtsstaat während des Aufschwunges ausgebaut und beinhaltete eine Reihe von sozialen Sicherungen. Die Grundpfeiler dieses neuen Wohlfahrtsstaates wurden zu Beginn der Fünfziger mit der Einführung der Krankenversicherungspflicht, der Sozialhilfe und der Ergänzung der Grundrente mithilfe einer einkommensabhängigen Zusatzrente aufgestellt.[96] Die geschaffenen wohlfahrtsstaatlichen Leistungen sollten universal für jeden Bürger gelten. Aufgrund der positiven Arbeitsmarktlage waren die staatlichen Aufwendungen nicht zu hoch. Die Arbeitslosenversicherung ist freiwillig und untersteht der Verwaltung der Gewerkschaftsnahen Arbeitslosenkassen, die Ankopplung an diese Arbeitslosenversicherung wird an die Mitgliedschaft in die Gewerkschaft gekoppelt.[97] Aufgrund dieser Sachlage ist der Organisationsgrad der Gewerkschaften sehr hoch und erreicht in den Achtzigern einen Wert von ca. 80%. Die Sozialleistungsquote stieg aufgrund der neuen staatlichen Verpflichtungen bis zum Jahre 1960 auf ca. 10,3% an.[98] Die Wirtschaftspolitik in den Fünfzigern wich nicht von den keynesinaischen Vorgaben ab. Die Finanzpolitik war wichtigstes Mittel zur Herstellung der Vollbeschäftigung, die bis in den Siebzigern nur für die männliche

[95] Vgl. . Riegler H. Claudius, Schneider Olaf; Schweden im Wandel- Entwicklungen, Probleme, Perspektiven, Berlin Verlag 1999, S. 52f,.
[96] Vgl. Schmid Josef; Wohlfahrtsstaaten im Vergleich, 1996 Leske + Buderich, Opladen, S. 121
[97] Vgl. Ebenda, S. 128f.
[98] Vgl. Schmidt Manfred G.; Sozialpolitik in Deutschland, VS Verlag 2005 Wiesbaden, S. 200

Bevölkerung galt. Die Geldpolitik wurde zur Vorteilsgewinnung auf den internationalen Märkten genutzt und nicht zur Stabilisierung der Währung. Die Abwertung der Währung erbrachte der schwedischen Exportindustrie hohe Verkaufsanteile, der schwedischen Ökonomie brachte dies in der Zeitperiode von 1950 bis 1960 ein Wirtschaftswachstum von durchschnittlich 3,5%.[99] Schwachpunkt dieser Wirtschaftspolitik war der schnelle Anstieg der Inflationsrate und der damit verbundene Abwertungs- und Einfrierungspolitik zur Beseitigung der Inflation. Die Gewerkschaften hatten aufgrund der sozialdemokratischen Regierung eine vorrangige Position gegenüber den Arbeitgebern und erreichten sogar ab Mitte der Fünfziger den solidarischen Lohn, der das Prinzip gleiches Lohn für gleiche Arbeit vertrat.[100] Der solidarische Lohn sollte eine Produktivitätssteigerung bewirken, da dieser die unproduktiven Unternehmen vor dem Problem der Effizienz stellt und die Existenz bedroht. Der solidarische Lohn bewirkte jedoch eine höhere Arbeitslosigkeit, da viele Unternehmen durch den solidarischen Lohn Konkurs anmelden und ihre Arbeiter entlassen mussten.

Nach einer Dekade der stabilen wirtschaftlichen Entwicklung in Schweden drohte zum Ende der Fünfziger und zu Beginn der Sechsziger eine rezessive Phase der Ökonomie. Zudem hatte sich aufgrund restriktiver Wirtschaftspolitik, öffentliches Sparen und des solidarischen Lohns eine Masse an Arbeitslosen gebildet, welche durch die Ökonomie nicht abgebaut werden konnte. Die Arbeitslosenquote stieg von einer beinahen Vollbeschäftigung zu Beginn der Fünfziger bis zu Beginn der Sechsziger auf 1,7% an.[101] Aufgrund des direkten steuerfinanzierten Wohlfahrtssystems der Arbeitslosenunterstützung wird der Staat stärker zum Handeln gezwungen. Mit dem Anstieg der Arbeitslosenquote steigen seine Abgabequoten und erwirken einen Anstieg seiner Zuwendungen. Dieser Sachstand bewirkt eine schnellere Reaktion des Staates im Vergleich zu dem Umlageverfahren, da dieser hier direkt betroffen wird.

Die Regierung erkannte in diesem Augenblick, dass eine Rezession der Ökonomie sich ereignete und musste feststellen, dass ähnliche Maßnahmen, wie in der ersten Überhitzungsphase nicht greifen würden. Daher war man sich einig zusätzlich zu der keynesinaischen Wirtschaftspolitik Aspekte der neue Theorie von Rehn und Meidner

---

[99] Vgl. http://www.adam-poloek.de/folienneu/wirtand/wirtandsw/wirtschaftswachstum-in-schweden-1951-2002.pdf vom 26.07.2007

[100] Vgl. Riegler H. Claudius, Schneider Olaf; Schweden im Wandel- Entwicklungen, Probleme, Perspektiven, Berlin Verlag 1999, S. 69

[101] Vgl. Koch Max; Arbeitsmärkte und Sozialstruktur in Europa, Westdeutscher Verlag GmbH, Wiesbaden 2003, S. 127

anzuwenden, um die Anzahl der Arbeitslosen mithilfe der aktiven Arbeitsmarktpolitik zu beseitigen. In der Rezessionsphase ende der Fünfziger und zu Beginn der Sechsziger wurde ein wirtschaftspolitischer Mix aus keynesianischer und Rehn/ Meidner Wirtschaftsordnung durchgeführt. In den Bereichen der Arbeitsmarktpolitik und des solidarischen Lohns ist ein Zusammenhang mit dem Rehn/Meidner Modell zu verzeichnen, in anderen wirtschaftspolitischen Bereichen lässt sich kein klarer Zusammenhang feststellen.

Die Arbeitsmarktpolitik als Teilbereich des Wohlfahrtsstaates expandierte zu Beginn der Sechsziger sehr stark und bewirkte einen Anstieg der staatlichen Zuwendungen für aktive Arbeitsmarktpolitik. Die Ausgaben für aktive Arbeitsmarktpolitik stiegen bis zu Beginn der Siebziger auf etwa 2% des BIP an.[102] Zur aktiven Arbeitsmarktpolitik gehörten Maßnahmen zur Stimulierung berufsmäßiger und geographischer Mobilität und zusätzliche Bargeldzahlungen. Zudem unterstützte der Staat expandierende Unternehmen dadurch, dass dieser die finanziellen Kosten für Umzug und Ausbildung der Arbeiter übernahm und damit aber auch eine mobile Arbeiterschaft innerhalb des Landes schuf. Die aktive Arbeitsmarktpolitik trug schnell Früchte und bewirkte ein Rückgang der Arbeitslosigkeit. Diese sank ab 1963 wieder ab und erreichte in den Jahren bis 1965 einen Wert von nur noch 1,2%.[103] Das Rehn/ Meidner Modell setzte sich auch bei der solidarischen Lohpolitik durch und bewirkte weitere Zugeständnisse für die Arbeitnehmer. So erreichten die Gewerkschaften eine Anhebung des Niedrigstlohns und setzte sich über den Interessen der Arbeitgeber hinweg.[104] Das neue Modell verbesserte die Bedingungen für Unternehmen im internationalen Vergleich und erreichte eine höhere Ausbildung und Mobilität für seine Bürger. Damit waren erneut die Bedingungen für einen Aufschwung gelegt.

Das Wirtschaftswachstum ließ nicht lang auf sich warten und beschenkte die Ökonomie mit hohen Wachstumsraten. Das Wirtschaftswachstum betrug für die Dekade 1960 bis 1970 eine durchschnittliche Entwicklung von 4,6%.[105] Zusätzlich zu den geschaffenen Stellen auf dem Arbeitsmarkt richtet der schwedische Staat zahlreiche Stellen im öffentlichen Sektor und senkte hiermit das Angebot der

---

[102] Vgl. Riegler H. Claudius, Schneider Olaf; Schweden im Wandel- Entwicklungen, Probleme, Perspektiven, Berlin Verlag 1999, S. 68
[103] Vgl. Koch Max; Arbeitsmärkte und Sozialstruktur in Europa, Westdeutscher Verlag GmbH, Wiesbaden 2003, S. 127
[104] Vgl. Riegler H. Claudius, Schneider Olaf; Schweden im Wandel- Entwicklungen, Probleme, Perspektiven, Berlin Verlag 1999, S. 69
[105] Vgl. Koch Max; Arbeitsmärkte und Sozialstruktur in Europa, Westdeutscher Verlag GmbH, Wiesbaden 2003, S. 127

Arbeitnehmer. Hiermit bewirkte dieser die ideologisch versprochene Vollbeschäftigung. Der öffentliche Sektor beschäftigte im Jahre 1960 etwa 400.000 Arbeiter, nur zehn Jahre später beschäftigte dieser Sektor beinahe das doppelte Aufgebot von 763.000 Arbeitern.[106] In anbetracht dieser Entwicklung werden der staatliche Aufwand und die steuerlichen Ausgaben der Bevölkerung und der Unternehmen deutlich.

In anderen wirtschaftspolitischen Feldern ist eher ein Mix in der Zeitperiode von Beginn der Sechsziger bis zur ersten internationalen Energiekrise zu verzeichnen. Bis Mitte der Sechsziger ist eine antizyklische Finanzpolitik zu erkennen, diese wird aber ab Mitte der Sechsziger zu expansiv für das Rehn/Meidner Modell.[107] Andrerseits ist die Stabilisierungspolitik der Geld- und Finanzpolitik in der Zeitperiode der späten Sechsziger für eine keynesianische Wirtschaftspolitik zu restriktiv.

Die Umverteilungseffekte des schwedischen Wohlfahrtsstaates sind als massiv einzuschätzen, da dieses System universal und massiv agiert. Der Anteil der Arbeitgeber an der Finanzierung der allgemeinen Versicherungen beträgt 75%, weitere 25% werden aus dem nationalen Rentenfonds und durch Steuern finanziert.[108] Die Leistungen zum Lebensunterhalt gewährleisten einen sehr hohen Lebensstandard, jedoch wird der Bezug im Beispiel der Arbeitslosigkeit an Maßnahmen geknüpft. Der Umfang der Versicherten ist als sehr hoch zu bezeichnen, da das System die gesamte Bevölkerung mit dem Eintritt in dem 16. Lebensalter als eigenständiges Mitglied aufnimmt. Die Organisation der Leistungsträger basiert auf regionalen Versicherungskassen.[109]

4.2.2 Internationale Krisen und der schwedische Wohlfahrtsstaat

Die Anwendung einiger Rehn/Meidner Aspekte sorgte für einen ökonomischen Aufschwung und eine Expansion der öffentlichen Zuwendungen zu Beginn der Sechsziger. Diese Periode des Aufschwunges und der Expansion dauerte nicht lange, denn schon zu Beginn der Siebziger ereigneten sich mehrer Energiekrise globalen Ausmaßes, die das ökonomische Gleichgewicht in Schweden ins Wanken brachten.

---

[106] Vgl. Guldimann, Tim; Staatlich organisierter Arbeitsmarkt und Anpassung der Arbeitslosen- Der Fall Schweden, Campus Verlag 1979 New York, S. 51

[107] Vgl. Riegler H. Claudius, Schneider Olaf; Schweden im Wandel- Entwicklungen, Probleme, Perspektiven, Berlin Verlag 1999, S. 68

[108] Vgl. Schmid Josef; Wohlfahrtsstaaten im Vergleich, Leske+ Buderich, Opladen 1996, S. 123

[109] Vgl. Ebenda, S. 123

Die Krisenhaftigkeit der Siebziger wurde jedoch nicht nur durch die Energiekrisen bestimmt, vielmehr wirkten sich die Expansion des Wohlfahrtsstaates verbunden mit den Aufwendungen für die aktive Arbeitsmarktpolitik und dem aufgeblähten öffentliche Sektor negativ für die Ökonomie aus.

Im Hinblick der Anwendung des Rehn /Meidner Modells in den Sechszigern weitete man den öffentlichen Sektor aus, um zunächst mehr Wohlfahrt für die gefährdeten Gruppen zu erzeugen, zudem wollte man hiermit eine größere Gleichheit zwischen den Bürgern erreichen. Die Ausweitung des öffentlichen Sektors führte zunächst zu einer erhöhten Urbanisierung und schuf ideale Bedingungen für die Industrie, da dieses Konstrukt die Industrie mit qualifizierten Angestellten und Arbeitern versorgen konnte.[110] Der Ausbau des öffentlichen Sektors vollzog sich auf breiter Beschäftigungsebene und schuf unzählige Arbeitsplätze in den Bereichen des Gesundheitswesens, des Sozialwesens, in der Verwaltung, Bildung und Forschung und der Infrastruktur. Der öffentliche Sektor hat bereits bis 1970 mehr als 760.000 Arbeiter eingestellt, bis zum Ende der Siebziger erhöhte sich diese Anzahl und beschäftigte im Jahre 1978 mehr als eine Million Erwerbstätige.[111]Da die Anzahl der Beschäftigten keinen Verglich ermöglicht muss hier der prozentuale Wert genannt werden, um sich über das Verhältnis im Klaren zu werden. Laut einer Statistik wurden im Jahre 1980 etwa 43,4% der Erwerbstätigen durch öffentlichen Sektor beschäftigt.[112]Diese Berufe eröffneten aber nicht die Möglichkeit für bereits vorhandene Arbeitslose, vielmehr wurde der Umfang der Erwerbstätigen massiv auf die weibliche Bevölkerung ausgeweitet und die bis dahin geltende Familienstruktur aufgebrochen. Die Struktur der Erwerbstätigen wurde so verändert, dass noch zu Beginn der Siebziger unter den ca. 3,9 Mio. Erwerbstätigen etwa 61% männlich und 39% weibliche Erwerbstätige waren, nur sieben Jahre später veränderte sich diese Konstellation jedoch und bewirkte eine Verschiebung zugunsten der weiblichen Bevölkerung welche nun etwa 44% der Erwerbstätigen stellten.[113]

Die Aufwendungen für den expandierten öffentlichen Sektor forderten hier auch höhere Ausgaben von staatlicher Seite. Daher mussten die öffentlichen Ausgaben

[110] Vgl. Riegler H. Claudius, Schneider Olaf; Schweden im Wandel- Entwicklungen, Probleme, Perspektiven, Berlin Verlag 1999, S. 88
[111] Vgl. Guldimann, Tim; Staatlich organisierter Arbeitsmarkt und Anpassung der Arbeitslosen- Der Fall Schweden, Campus Verlag 1979 New York, S. 51
[112] Vgl. Riegler H. Claudius, Schneider Olaf; Schweden im Wandel- Entwicklungen, Probleme, Perspektiven, Berlin Verlag 1999, S. 118
[113] Vgl. Guldimann, Tim; Staatlich organisierter Arbeitsmarkt und Anpassung der Arbeitslosen- Der Fall Schweden, Campus Verlag 1979 New York, S. 55

gemessen am BIP anwachsen, um dieser Expansion entgegenzukommen. In der Zeitperiode von 1960 bis 1980 wuchsen die öffentlichen Gesamtausgaben von einem prozentualen Wert von etwa 35% des BIP im Jahre 1960 auf zunächst 45% des BIP im Jahre 1970 an, bis zum Jahre 1980 stieg dieser Wert dramatisch auf etwa 65% des schwedischen BIP an.[114] Zusätzlich zu der Ausweitung der öffentlichen Ausgaben am BIP musste der Staat die Steuerquote insgesamt erhöhen, um die geschaffenen Strukturen zu finanzieren. Die Steuerquote erhöhte sich aufgrund der geschaffenen Strukturen in den Siebzigern auf etwa 50%.[115]

Der erweiterte öffentliche Sektor erhöhte und stabilisierte die Strukturen der Wohlfahrt. Durch den Ausbau des öffentlichen Sektors erreicht man einen beachtlichen sozialen Ausgleich, da man hier im Grundsatz gleiche Voraussetzungen in den Breichen der Gesundheitsfürsorge, Unterricht und Kleinkinderbetreuung erreichte. Der Wohlfahrtsstaat wurde dahingehend erweitert, nicht weil dieser nun in weiteren Lebensfeldern der Menschen eindringt, sondern weil die Politik hier eine massive universale Struktur des Wohlfahrtsstaates aufgebaut hat, der die gesamte Bevölkerung gleichermaßen einbezieht. Daher kann man hier nicht von weiteren Fürsorgepflichten des Staates sprechen, vielmehr beinhaltet die Expansion des Wohlfahrtsstaates eine Erweiterung des Umfanges zu einem höheren Standard. Zu der Erhöhung der Sozialversicherungsbeiträge, die etwa 60% des Sozialtopfs ausmachen und von Arbeitgebern und Arbeitnehmern gezahlt werden, erhöhten sich auch die Sozialausgaben. Die Sozialleistungsquote als Indikator für soziale Sicherung durch den Staat erhöhte sich bis zu dem Jahr 1980 auf 28,8% des BIP. [116]

Zu den Aufwendungen für den öffentlichen Sektor und den Wohlfahrtsstaat kamen die Aufwendungen für die aktive Arbeitsmarktpolitik hinzu. Das schwedische Modell verstärkte zu Beginn der Sechsziger die Aufwendungen für aktive Maßnahmen. Aufgrund der erhöhten Arbeitslosenquoten musste der Staat mehr in aktive Maßnahmen investieren. So stiegen die Aufwendungen gemessen am BIP an. Zu Beginn der Siebziger stiegen diese Aufwendungen zunächst auf etwa 1,7% des BIP an, im späteren Verlauf der Siebziger im Jahre 1978 kletterte dieser prozentuale Wert auf mehr als 2,5% des schwedische BIP an.[117]

---

[114] Vgl. Riegler H. Claudius, Schneider Olaf; Schweden im Wandel- Entwicklungen, Probleme, Perspektiven, Berlin Verlag 1999, S. 89
[115] Vgl. Ebenda, S. 217
[116] Vgl. Schmidt Manfred G.; Sozialpolitik in Deutschland, VS Verlag 2005 Wiesbaden, S. 200
[117] Vgl. http://doku.iab.de/mittab/1989/1989_1_MittAB_Schmid.pdf vom 01.08.2007

Der ausgebaute öffentliche Sektor und die aktive Arbeitsmarktpolitik konnten keine Erfolge im Hinblick der Krise bewirken. Die erhöhten staatlichen Ausgaben belasteten die Arbeitgeber und Arbeitnehmer gleichermaßen und verhinderten ihr positives Einwirken in die Ökonomie. Die Arbeitslosenzahlen stiegen in der Krisenphase um den Wert von 2% bis 3% an. Der Wirtschaftswachstum und die Inflation als Indikatoren der Ökonomie wurden durch die Energiekrisen in Mitleidenschaft gezogen. Der Wirtschaftswachstum erreichte in den späten Siebzigern sogar negative Werte um -1,6% im Jahre 1977, die Inflation als Indikator für Stabilität erreichte Ende der Siebziger und zu beginn der Achtziger Werte über zehn Prozent.[118] In anbetracht dieser negativen Entwicklungen in der Wirtschaft lässt sich die Finanzierungsproblematik des Wohlfahrtsstaates nachvollziehen. Zu wirtschaftspolitischen Ereignissen, die dem Wohlfahrtsstaat die finanzielle Grundlage raubten kamen Legitimationsprobleme hinzu, die dem Wohlfahrtsstaat nur negative Wirkungsweisen anlasteten.

Die ausgelöste Krise der Ökonomie verursachte schließlich die Abwahl der sozialdemokratischen Partei, im Jahre 1976 wurde zum ersten Mal nachdem zweiten Weltkrieg die Bürgerliche Partei in die Regierung gewählt. Die Reformvorhaben dieser Regierung, die bis zu Jahre 1982 im Amt bleiben sollte, basierten im Grunde auf die Drosselung der staatlichen Ausgaben, finanziellen Unterstützungen der Unternehmen und weitern Abwertungen der Währung, um den Gewinn der international handelnden Unternehmen zu gewährleisten.

Trotz des weltweiten ökonomischen Drucks dämpften die schwedischen Strukturen die Krise und sorgten für eine gemäßigte wirtschaftliche Entwicklung im Vergleich zu anderen OECD Ländern bei denen die Energiekrise sich direkt ausdrückte und die Indikatoren der Ökonomie ins Bodenlose zog.

4.2.3 Sozialdemokratische Reformen und der Ausweg aus der Krise

Erste sozialdemokratische Reformen wurden in Schweden wie weiter oben genant schon zu Beginn der Sechsziger mit der Übernahme einiger Aspekte des Rehn/Meidner Modells getätigt. Diese Reformen wurden in Anbetracht der ersten Rezession ende der Fünfziger aufgrund einer relativ hohen Arbeitslosigkeit erwogen.

---

[118] Vgl. Riegler H. Claudius, Schneider Olaf; Schweden im Wandel- Entwicklungen, Probleme, Perspektiven, Berlin Verlag 1999, S. 261

Die Reformstrategie zeigte zunächst Erfolge, diese wurden jedoch in Anbetracht der schweren Energiekrisen in den Siebzigern relativiert.

Hinsichtlich der weltweiten Wirtschaftskrise der Siebziger zeigte sich das antizyklische Modell des Keynesianismus verbunden mit den Aspekten des Rehn/ Meidner Modells als inneffektiv. Die Energiekrisen der Siebziger stürzten die schwedische Ökonomie in eine wirtschaftsideologische Krise und machten der Regierung deutlich, dass man einen neuen Weg der Wirtschaftspolitik einschlagen müsste. Als Ausweg bot sich das angelsächsische angebotsorientierte Modell des liberalen Musters an. Diese Wirtschaftsordnung war aufgrund der negativen Auswirkungen auf die Umverteilungseffekte und einer erhöhten Gefahr der Massenarbeitslosigkeit für Schweden nicht einschlagbar. Daher versuchte die im Jahre 1982 ins Amt gewählte sozialdemokratische Regierung mit dem „Dritten Weg", bei der eine Balance zwischen neoliberalen und keynesinaischen Aspekten eingerichtet werden sollte, die krisenhafte Ökonomie zu reformieren.

Die praktische Ausführung dieser Wirtschaftsordnung beinhaltete für Schweden zunächst die Abwertung der Währung und damit verbunden eine auf internationalem Vorteil basierende Exportoffensive für die schwedische Industrie. Zudem sollten Angebotsfördernde Instrumente der aktiven Arbeitsmarktpolitik selektiv eingesetzt werden, um die Qualifikation und Mobilität der Bevölkerung zu erreichen und zu erhalten.[119] Dieser neuen Reformoffensive sollte eine restriktive Fiskalpolitik folgen, die die eigenen Unternehmen und Bevölkerung nochmals steuerlich entlastete und der eigenen Ökonomie mehr finanzielle Mittel zur Verfügung zu stellen.

Mit der Abwertung der Währung um 16% im Jahre 1982 folgte der erste Schritt der neuen Reformwelle, welches der schwedischen Ökonomie einen Vorteil im internationalen Markt geben sollte.[120] Dieser Sachstand rief zunächst jedoch den internationalen Währungsfonds IWF hervor, der Schweden mit harten Strafen drohte. Der IWF verhängte zwar keine Strafen gegen den schwedischen Staat, verbot jedoch weitere Abwertungen, welche die eigene Exportindustrie begünstigen. Die vorgenommene Abwertung in Verbindung mit einer anziehenden Weltkonjunktur zu Beginn der Achtziger verschaffte der schwedischen Ökonomie einen enormen Aufschwung. Das Wirtschaftswachstum stieg in den darauffolgenden Jahren an und erreichte 1984

---

[119] Vgl. Riegler H. Claudius, Schneider Olaf; Schweden im Wandel- Entwicklungen, Probleme, Perspektiven/ Berlin Verlag 1999, S. 268
[120] Vgl. Ebenda, S. 268

einen Höchstwert von 4%, dieser positive Trend vollzog sich für die gesamte zweite Hälfte der achtziger Jahre.[121] Die Abwertung der Währung und der damit eingeleitete Aufschwung sorgten für das Beleben des Arbeitsmarktes und verringerten die Arbeitslosenquote deutlich. Im Verlauf der Achtziger wirkten sich die Reformen direkt auf die Ökonomie aus und bewirkten einen graduelle Senkung der Arbeitslosenquote. So lag die Arbeitslosenquote noch zu Beginn der Reformphase im Jahre 1983 auf 3,5%, diese für Schweden hohe Quote wurde dann langsam verringert und erreichte zum Ende der Achtziger einen Wert von 1,5% im Jahre 1989.[122] Die Abwertung der Währung brachte indes nicht nur positive Erscheinungen hervor, vielmehr erzeugte die Abwertung der Währung in Verbindung mit der anziehenden Weltkonjunktur der Achtziger einen explosionsartigen Wachstum der Gewinne und Investitionen, die sich direkt auf eine erhöhte Nachfrage nach Gütern und Arbeitskräften auswirkte. Zunächst erhöhten diese extra Gewinne den Druck auf die Inflation und zudem wirkte sich die verstärkte Nachfrage nach Arbeitskräften positiv auf den Lohn aus. Diese Situation brachte den schwedischen Staat vor einer großen Problematik, da man durch Lohnzurückhaltung im öffentlichen Bereich die Inflationsquote kontrollieren wollte. Die Inflationsrate verringerte sich aufgrund dieses Vorhabens und senkte sich linear von 12,1% im Jahre 1981 auf nur noch 4,2% im Jahre 1987.[123] Mithilfe der Lohnzurückhaltung im öffentlichen Sektor konnte man die Inflation eindämmen, doch diese Zurückhaltung sorgte für schwere Konflikte zwischen den Gewerkschaftsverbänden. Diese Konflikte wurden dadurch entfacht, da man mit der Lohnzurückhaltung eine Benachteiligung der Arbeitnehmer des öffentlichen Sektors erwirkt hatte. Arbeitnehmer anderer Wirtschaftssektoren wurden im Gegensatz zu den Arbeitnehmern des öffentlichen Sektors mit beträchtlicher Lohnerhöhung belohnt. Die Rivalitäten zwischen den Gewerkschaften unter dem Dachverband LO nahm hiermit zu und sorgten bis zu Beginn der Neunziger für das scheitern des Dritten Weges, doch dieser Problematik wollen wir uns hier nicht zuwenden.

Die Abwertung und die damit verbundene Exportoffensive sind aber nicht die einzigen Erneuerungen des „Dritten Weges", hierzu wurden die Aufwendungen für aktive Arbeitsmarktpolitik beibehalten und verfeinert. Die Verfeinerung erfolgte in

---

[121] Vgl. Riegler H. Claudius, Schneider Olaf; Schweden im Wandel- Entwicklungen, Probleme, Perspektiven/ Berlin Verlag 1999, S. 261
[122] Vgl. Ebenda, S. 261
[123] Vgl. Ebenda, S. 261

eine höhere Selektion dieser Aufwendungen. Die direkt vorgenommene Selektion lässt sich leider nicht nachweisen, es lassen sich aber die Aufwendungen für aktive Arbeitsmarktpolitik bemessen. Hier ist nämlich zu Beginn der Achtziger ein Abfallen der Aufwendungen gemessen am BIP nachzuweisen, dieser Wert steigt dann im Jahre 1983 auf ca. 2% des BIP an und stabilisiert sich während der gesamten Achtziger auf diesen Wert.[124] Die Sparquote sinkt im Vergleich zu den Sechszigern und dem Siebzigern und lässt die neue Strategie erkennen mit der die schwedische Regierung agiert. Der neue „Dritte Weg" schreibt nämlich größere Bemühungen der Politik bei der Stabilisierung der Ökonomie. Das Haushaltsdefizit zu Beginn der Achtziger zwang die Regierung ihre Sparmassnahmen einzustellen und sogar im Gegenteil Schulden anzuhäufen.

Auf dem bereich der Fiskalpolitik schreibt die neue Ideologie eine restriktivere Form und bewirkt hierzu zunächst leichte Steuersenkungen verstärkt für Unternehmen. Zudem waren weniger Subventionen für notleidende Firmen aufgrund des Aufschwunges nötig, woraus sich sinkende Subventionen des Staates einstellten und zur Sanierung des öffentlichen Haushaltes beitrugen.[125] Die Abgaben für den Wohlfahrtsstaat blieben jedoch auf einen im vergleich zu anderen OECD Ländern hohen Niveau. Die Sozialleistungsquote erhöhte sich weiterhin aufgrund eines erhöhten Niveaus und eines erweiterten Umfanges, der in Verbindung mit einer höheren Einwanderungsquote steht, auf beinahe 40% zu Beginn der neunziger Jahre.[126]

Mit dem „Dritten Weg" erreichte die schwedische Regierung eine Anpassung der Ökonomie an dem internationalen Wettbewerb und konnte hierdurch zunächst den internationalen Markt zu Gunsten der eignen Ökonomie nutzen. Die eingesetzten Reformen bewirkten jedoch eine Spaltung der Arbeitnehmer und hiermit auch genügend Zündstoff für die neunziger Jahre. Zudem belasteten die im internationalen Vergleich hohen Abgabequoten für den Wohlfahrtsstaat die Ökonomie und sorgten für eine erneute Krise ab Mitte der Neunziger.

Das schwedische Modell wird in ähnlicher Form auch durch Dänemark angewandt und verursacht dort ähnliche Entwicklungen.

---

[124] Vgl. http://doku.iab.de/mittab/1989/1989_1_MittAB_Schmid.pdf vom 02.08.2007
[125] Vgl. Riegler H. Claudius, Schneider Olaf; Schweden im Wandel- Entwicklungen, Probleme, Perspektiven, Berlin Verlag 1999, S. 269
[126] Vgl. Ebenda, S. 126

5. Anwendbarkeit liberaler oder sozialdemokratischer Aspekte auf den deutschen Wohlfahrtsstaat

Wenden wir uns wieder der grundsätzlichen Frage der Bachelor- Arbeit zu und fragen diesbezüglich, ob die Anwendung liberaler oder sozialdemokratischer Aspekte in der deutschen Wirtschaftspolitik eine höhere Effizienz und eine Verbesserung der Wohlfahrtssituation als das herrschenden Volkswirtschaftssystem der sozialen Marktwirtschaft herstellen kann.

Zur Prüfung dieser Überlegungen werde ich diese Fragestellung in drei Teilbereiche aufteilen. Der erste Teilbereich wird sich dann der Umsetzung liberaler Aspekte und ihrer Auswirkung auf den deutschen Staat widmen. Im zweiten Teilbereich soll die Umsetzung sozialdemokratische Ansätze, nach Rehn/Meidner und des „Dritten Weges", auf die deutsche Ökonomie übertragen werden, um auch hier entsprechend des ersten Teilbereichs Wirkungen und Probleme zu analysieren.

Im dritten Teilbereich hingegen soll untersucht werden, wie und in welchem Masse die geschaffenen Strukturen und Institutionen des deutschen Wohlfahrtsstaates, welche auch als Pfadabhängigkeit bezeichnet wird, massive Veränderung zulassen würden. Zudem soll klar gemacht werden, dass Veränderungen in diesem Politikgebilde möglich, aber sehr Zeitaufwendig sind.

5.1 Auswirkung liberaler Aspekte nach dem Vorbild der angelsächsischen Länder auf die deutsche Volkswirtschaft und ihre Effekt auf den Wohlfahrtsstaat

Die neoliberalen Reformen von M. Thatcher wurden in den Achtzigern nach einer schweren innenpolitisch- ökonomischen Krise durchgeführt. Die Umsetzungsgeschwindigkeit dieser drastischen Reformen wurde zunächst durch die Wirkung der schweren Krise auf die Gesellschaftsstrukturen, wie aber auch durch das politische System in Großbritannien bestimmt. Das einheitliche Staatsgebilde verbunden mit dem Mehrheitswahlsystem, der die Vetofaktoren im Land dezimiert, und zudem die starke Rolle des Premierministers erlaubte der konservativen Regierung eine fundamentale Pfadabweichung.

Zu den Grundpfeilern neoliberaler Reformen in GB gehörten massive Privatisierungsvorhaben, der Abbau staatlicher Zuwendungen für Soziawesen und Ökonomie in Form von Subventionen, die massive Schwächung der Gewerkschaften und die Stabilisierung der Wirtschaft, hier insbesondere die Senkung der Inflation zur Herstellung der finanziellen Stabilität. Diese Reformen begrenzten die Interventionsmöglichkeiten des Staates und sollten Wirtschaftswachstum und Stabilität mithilfe von Marktmechanismen herstellen.

Die Bilanz der neoliberalen Reformen in GB lässt sich anhand von statistischen Daten ermitteln. Hierzu wurde weiter oben im Hauptteil der Bachelor- Arbeit festgestellt, dass die vorgenommenen Reformen dem britischen Staat eine stabilere Entwicklung der Ökonomie ermöglichten und die Krise der Siebziger abwendeten oder abmilderten. Zur Erzeugung dieser ökonomischen Stabilität musste die britische Bevölkerung jedoch massiv negative Auswirkung für den Wohlfahrtsstaat hinnehmen. Negative Erscheinungen der Reformen kündigten sich im Verlauf der Achtziger und äußerten sich an einer hohen Arbeitslosenquote und einem gestiegenen Wettbewerb, der die Löhne in die Tiefe drückte. Die Arbeitslosenquote wurde durch den erhöhten Wettbewerb und der daraus resultierende Erhöhung der Produktivität in den britischen betrieben verursacht. Die sinkenden Löhne bewirkten hingegen eine Verarmung der Arbeiterschaft dem „Working Poor" und beschleunigten eine „Klassentrennung". Aufgrund der neuen Wirtschaftsideologie fühlte sich der Staat nicht mehr für die Arbeitslosigkeit verantwortlich und kürzte seine Aufwendungen im Umfang und Niveau. Somit wurde der Bezug von Hilfe durch den Staat selektiert und auf einem sehr niedrigen Niveau minimiert. Die Senkung der staatlichen Zuwendungen hatte zur Folge, dass die Armut und die Verelendung im Lande anwuchsen.

In Anbetracht solcher positiven jedoch auch negativen Auswirkungen, wie in dem empirischen Beispiel im Hauptteil der BA- Arbeit vorgestellt, stellt sich nun die Frage inwieweit solche Reformen für das deutsche Modell vorstellbar und nützlich wären. Die positiven Auswirkungen der neoliberalen Reformen bezogen sich in dem empirischen Beispiel lediglich auf die Stabilisierung der ökonomischen Lage. Diesbezüglich erreichten die eingesetzten Reformen auch ihre gewünschte Wirkung. Die Umsetzung solcher Reformen auf die deutsche Ökonomie mit den Erwartungen zur Verbesserung auch auf den Wohlfahrtsstaat müssten hier gedämpft werden. Die momentane Schwäche der deutschen Ökonomie liegt nicht in einer mangelnden

Stabilität wie in dem empirischen Beispiel. Vielmehr zeigt die deutsche Ökonomie schwächen bei der Aufnahme von Arbeitskräften, welche direkt mit einem niedrigeren Wirtschaftswachstum zusammenhängt. Festzustellen ist zunächst, dass die deutsche Ökonomie sich zunächst den herrschenden Faktoren der Weltwirtschaft anpassen muss. Zudem muss diese sich im Vergleich zu anderen Volkswirtschaften zusätzlich mit den ökonomischen Folgen der Wiedervereinigung, dem innenpolitischen Konstrukt und seiner Verlangsamung von politischen Entscheidungen und einer erhöhten Arbeitslosenquote, die durch Faktoren wie dem technologischen Fortschritt und einem hohen Einwanderungsgrad seit den Siebzigern, stellen.

Die soziale Marktwirtschaft als herrschende wirtschaftspolitische Ideologie in der BRD schreibt einen stabilen Aufbau des "Magischen Vierecks" vor, hier enthalten das stabile Preisniveau, ein stetiges Wachstum, ein außenwirtschaftliches Gleichgewicht und ein höheren Beschäftigungsgrad. Die Balancierung dieser vier Wirtschaftsbereiche soll die Ökonomie im Gleichgewicht halten.[127] Die Einhaltung dieser Prinzipien hat der deutschen Ökonomie eine stabile wirtschaftspolitische Entwicklung beschert.

Theoretisch würde die Umsetzung der neoliberalen Reformen nach dem Vorbild von M. Thatcher sich im Grunde auf ähnlicher Weise auf das deutsche System auswirken. Mit der massiven Privatisierung von staatlichen Unternehmen würden dem Staat ungeheure finanzielle Mittel zur Verfügung stehen. Mit denen dieser Schulden abbauen und die öffentlichen Haushalte sanieren könnte. Der Nachteil hier wäre der Kontroll- und Unterstützungsverlust durch staatliche Institutionen. Dieser Sachstand könnte durch staatliche Beteiligung bei den Aktiegesellschaften gemildert werden. Zudem setzt man mit der Privatisierung die Unternehmen stärker dem internationalen Wettbewerb aus. Diese Ausgangslage zwingt die neuen „Besitzer" dazu diese Unternehmen neu zu Strukturieren und die Produktivität zu erhöhen. Diese Maßnahmen haben in der Vergangenheit siehe hier die Privatisierung der deutschen Post AG zu massiver Neustrukturierung und Stellenabbau geführt.[128] Stellenabbau in solchen Unternehmen treibt gleichzeitig die Arbeitslosenquote in die Höhe und wirkt sich verheerend und kontraproduktiv in schlechten Wirtschaftsphasen.

---

[127] Vgl. Schmid J., Buhr D., Roth CH., Steffen Ch.; Wirtschaftspolitik für Politologen, 2006 Verlag Ferdinand Schöningh, Paderborn, S. 170

[128] Vgl. http://www.bundesfinanzministerium.de/cln_01/nn_3996/DE/Bundesliegenschaften__und __Bundesbeteiligungen/Privatisierungs__und__Beteiligungspolitik/Deutsche__Post__AG/node.html_ _nnn=true vom 08.08.2007

Die Umsetzung weiterer neoliberaler Aspekte in der Struktur der staatlichen Zuwendungen für den Wohlfahrtsstaat, hier insbesondere für die Opfer eines liberalen Arbeitsmarktes wäre in Verbindung mit massiver Privatisierung ein Mechanismus zur Schwächung und Vernichtung der staatlichen Strukturen.

Einerseits würde die Arbeitslosenquote weiterhin steigen und andrerseits stünden weniger finanzielle Mittel für diese Menschen breit. Dieser Sachstand würde diese Menschen in die Kriminalität treiben. Hiermit hätte man den Grundstein für die Innstabilität eines Landes gelegt. Die Senkung und Abbau der Zuwendungen für den Wohlfahrtsstaat würde langfristig die Erhöhung der staatlichen Ausgaben zur Gewährleistung der Inneren Sicherheit erhöhen. Unklar bleibt wie die Senkung der sozialen Leistungen sich auf einige Menschen auswirken. Hier muss auch genannt werden, dass einige Individuen aufgrund der momentanen Höhe der sozialen Leistungen mögliche Arbeitsstellen nicht aufnehmen. Die positive Bilanz könnte hier jedoch relativ gering ausbleiben, da der größere Anteil der Arbeitslosen aufgrund fehlender Qualifikationen und dem voranschreiten Strukturwandel in der Ökonomie sich in der miserablen Situation befindet.[129] Hieraus lässt sich erkennen, dass die Arbeitslosigkeit in der BRD mit strukturellen Veränderungen in der Ökonomie zusammenhängt und der Abbau der sozialen Zuwendungen nur die Verelendung und die Armut erhöht.

Ein weiterer Aspekt der neoliberalen Wirtschaftspolitik nach dem britischen Vorbild ist die Schwächung der Gewerkschaften. Dieser Aspekt würde in der BRD eine geringfügigere Rolle spielen, da die Gewerkschaften hierzulande zunächst in der Entscheidungsfindung mit dem Arbeitgerbern und dem Staat inkorporieren. Zudem sind die Gewerkschaften in der BRD im Gegensatz zu den Gewerkschaften in GB zu Beginn der Achtziger demokratischer Aufgebaut. Die Rolle der Gewerkschaften ist in anbetracht der hohen Arbeitslosigkeit als sehr Schwach zu bezeichnen und benötigt keine weiteren Schwächungen durch die Politik.

Zusammenfassend lässt sich aussagen, dass die Umsetzung neoliberaler Aspekte auf die kriselnde Ökonomie der BRD einer Verschiebung der politischen Bemühungen hin zu der Arbeitgeberseite wäre. Mit diesen Reformen würde man die Aufwendungen der Arbeitgeber senken, welches die Situation für Arbeitgeber erheblich verbes-

---

[129] Vgl. http://www.destatis.de/jetspeed/portal/cms/Sites/destatis/Internet/DE/Content/Publikationen/ Querschnittsveroeffentlichungen/Datenreport/Downloads/1ErwArbeitslos,property=file.pdf vom 08.08.2007

sern würde. Zudem könnte man die finanzielle Lage des Haushaltes stabilisieren indem man ungeheure finanzielle Mittel durch Privatisierung freisetzt. Kurzfristig könnte der Staat hierdurch Schulden abbauen und ausländische Investitionen auf sich ziehen. Langfristig hingegen erhöht man die Arbeitslosenquote und den Wettbewerb, welche sich direkt auf den Strukturwandel auswirkt. Aufgrund der Erhöhung der Arbeitslosenquote verringert man den Wert für Arbeit und verursacht damit eine Verarmung vor allem bei der gering qualifizierten Bevölkerung und wirkt damit eine gewisse Klassentrennung herbei. Die Senkung oder Abbau der staatlichen Zuwendungen für soziale Zwecke bewirkt in solch einer zugespitzten Lage eine kritische Situation, die letztendlich das System als ganzes gefährdet. Die neoliberalen Reformen beheben das Problem der Arbeitslosigkeit nicht annähernd, diese Wirken sich positiv auf Bereiche die den Arbeitgeber direkt betreffen und verschlimmern die Lage für Arbeitnehmer auf dem Arbeitsmarkt.

Sieht man von den politisch- wirtschaftlichen Faktoren weg, die man in der BRD für die Umsetzung solcher Maßnahmen zunächst überwinden müsste, bietet sich diese Art von Reformen für die BRD nicht an.

Die verändert Lage in der Weltwirtschaft und ihr Einfluss auf nationale Ökonomien hat jedoch eine Interessens- und Akzeptanzverschiebung der Politik zugunsten der Arbeitgeber bewirkt und begünstigt neoliberale Reformvorhaben. Man sieht den Wohlfahrtsstaat nicht als Segen, sondern als Klotz, der Ökonomie.[130] Zusätzlich lässt sich feststellen, dass die großen Parteien der Mitte die ökonomischen Belastungen für die Arbeitgeber in einer „Globalisierten Welt" erkennen können und diesbezüglich ihre Wirtschaftspolitik dementsprechend aufbauen. Das hat zur Folge, dass große Parteien der Mitte den Wohlfahrtsstaat als Last und Standortrisiko für die Ökonomie verstehen und den Abbau befürworten.

---

[130] Vgl. Butterwege Christoph; Wohlfahrtsstaat im Wandel, Probleme und Perspektiven der Sozialpolitik, Leske+Buderich, Opladen 2001, S. 76

5.2 Auswirkung sozialdemokratischer Aspekte nach dem schwedischen Vorbild auf die deutsche Volkswirtschaft und ihre Effekt auf den Wohlfahrtsstaat.

Die Einführung sozialdemokratischer Reformen, hier zunächst das Modell von Rehn/Meidner und später das Modell des Dritten Weges, erfolgten in Schweden in Phasen ökonomischer Krisen. Während das Rehn/Meidner Modell zu Beginn der Sechsziger zusätzlich zur keynesinaischen Wirtschaftspolitik durchgeführt wurde, schrieb der „Dritte Weg" zu Beginn der Achtziger eine ganz neue Wirtschaftsordnung vor. Die Umsetzung beider Modelle in Schweden vollzog sich rasch, da die jeweiligen Regierungen wenige oder gar keine Vetospieler besaßen und das Land von einem breiten ökonomischen Konsens getragen wurde. Die unitarischen Strukturen in Schweden verbunden mit einer Verwurzelung sozialdemokratischer Ideologien in allen Lebensbereichen der Bevölkerung und einer schwach organisierten Arbeitgeberschaft ermöglichten der jeweiligen Regierungen die Adaption und Einführung neuer sozialdemokratischer Elemente.

Die Reformen des Rehn/Meidner Modells richteten sich gegen die für schwedische Verhältnisse hohe Anzahl an Arbeitslosen, die Ende der Fünfziger etwa 2% ausmachten. Zu den Reformen gehörten mehrere Mechanismen der aktiven Arbeitsmarktpolitik, die auf die Verbesserung der Qualifikation und Mobilität der Arbeiter zielen sollten. Zudem schrieb diese Theorie die massive Ausweitung des öffentlichen Sektors zur Erhöhung der wohlfahrtsstaatlichen Leistung und der Schaffung von Arbeitsplätzen. Diese Maßnahmen zeigten in Verbindung mit einer anziehenden Ökonomie und weiteren Abwertungen der Währung Wirkung. Die Arbeitslosenquote sank schließlich wieder auf niedrigem Niveau ab, zudem erreichte die Ausführung des neuen Modells eine Gleichstellung der Geschlechter auf dem Arbeitsmark und erhöhte zudem die wohlfahrtsstaatliche Versorgung. Die Nachteile dieses Modells waren jedoch verheerend, da die massive Steigerung der staatlichen Ausgaben, die höhere finanzielle Belastung für die Bevölkerung und Unternehmen und die ökonomische Instabilität aufgrund der fehlenden Austarierung zwischen den beiden wirtschaftspolitischen Ansätzen, das ganze Modell gefährdeten.

Die Energiekrise der Siebziger in Verbindung mit dem Scheitern der dualen Wirtschaftspolitik zwischen Keynesianismus und dem Rehn/Meidner Modell führten zur Veränderungen der ökonomischen Ideologie und machten den Weg für die neue

Wirtschaftspolitik bereit. Die neue Wirtschaftspolitik des „Dritten Weges" ordnete für den schwedischen Staat zunächst eine weitere aber letzte Abwertung der Währung und damit die Einleitung einer auf Vorteil basierende Exportoffensive für schwedische Produkte. Die aktive Arbeitsmarktpolitik blieb jedoch immer noch aktuell, sollte jedoch selektierter zum Einsatz kommen. Die Ausweitung des öffentlichen Sektors sollte im Gegensatz dazu verringert werden. Diese Reformen wurden in Verbindung mit einer stärkeren restriktiven Fiskalpolitik zur Entlastung der Bevölkerung und der Unternehmen eingesetzt. Die Reformen des „Dritten Weges" zeigten bis zur Mitte der Achtziger Wirkung und beruhigten die Lage auf dem Arbeitsmarkt, die Inflation sank auf einem relativ niedrigen Niveau und durch die restriktive Fiskalpolitik wurde die Unternehmen und Bevölkerung entlastet. Die staatlichen Ausgaben konnten in dem Verlauf der Achtziger gesenkt und stabilisiert werden. Die Nachteile dieses neuen dritten Weges ähneln dem vorherigen Modell, da die finanzielle Belastung der Bevölkerung und der Unternehmen gleich groß blieb. Zudem führten die staatlichen Vorhaben zum öffentlichen Sparen zu einem inneren Konflikt zwischen den Gewerkschaften, da der Lohnzuwachs in privaten Unternehmen anstieg, die Löhne des staatlichen Sektors jedoch gleich blieben.

Die Umsetzung schwedischer Reformen auf die deutsche Ökonomie mit der Hoffnung zur Verbesserung der ökonomischen Lage und ihr positives einwirken auf den Wohlfahrtsstaat müssen auch hier gedämpft werden. Die Reformen auf dem Bereich der aktiven Arbeitsmarktpolitik werden in der BRD bereits angewandt, bleiben jedoch weit unter dem schwedischen Niveau.[131] Zudem erhöhen diese Art von Reformen die staatlichen Ausgaben und führen zu mehr Schulden. Ungewiss ist jedoch das Resultat aktiver Arbeitsmarktpolitischer Mechanismen. Jedoch würde sich aktiven Maßnahmen wonach die Qualifikation und Mobilität der Arbeitslosen gefördert wird sich positiv auswirken und das Angebot an qualifizierten Arbeitern erhöhen. Hierzu könnte man selektive Maßnahmen des „Dritten Weges" übernehmen. Die Übernahme von finanziellen Kosten durch den Staat für Arbeiter, die ihren Wohnsitz, für die Erlangung eines Arbeitsplatzes ändern müssten, würde den Unternehmen entgegenkommen und die Dynamik auf dem Arbeitsmarkt erhöhen.

---

[131] Vgl. Schmid J., Nikketta R.; Wohlfahrtsstaat- Krise und Reform im Vergleich, Metropolis Verlag, Marburg 1998, S. 153

Negative Erscheinung dieser Aufwendungen wären jedoch die Erhöhung der staatlichen Ausgaben und damit auch die Belastung der Steuerzahler.

Die Abwertung der Währung zur Erlangung eines Vorteils für den eigenen Export auf dem internationalen Markt ist für die deutsche Ökonomie nicht möglich, da diese sich in einer Währungsunion mit anderen EU- Staaten befindet und diese EU-Institutionen vorbehalten wird. Zudem würde die Abwertung der eigenen Währung internationale Organisationen wie den IWF und WTO in die Tagesordnung rufen und diese könnte und würde mit hohen Strafen belegt werden.

Der Ausbau des öffentlichen Sektors zur Senkung der Arbeitslosenquote und zur Erhöhung der wohlfahrtsstaatlichen Zuwendung würde auch in der BRD massive Kosten verursachen und letztendlich Kapital für die Ökonomie minimieren. Die Steuerquote in Schweden befindet sich in den Achtzigern bei etwa 60% des Lohns, dies entzieht der Arbeiterschaft ungeheure finanzielle Mittel und bedeutet auch die Verringerung der Kaufkraft. Die Unternehmen finanzierten in den Achtzigern in Schweden die allgemeinen Versicherungen zu drei vierteln, dies schwächt die Unternehmen und erhöht die Kosten für Arbeitnehmer und bedingt eine Kostengüns-tigere Investition in Maschinen. Dies verstärkte den Strukturwandel in Schweden und würde diesen auch hierzulande erhöhen und sich negativ auf dem Arbeitsmarkt auswirken. Die enorme Belastung der gesamten Ökonomie könnte sich negativ für den Standort Deutaschland auswirken und den Wirtschaftswachstum dämpfen wie dies auch der Fall in Schweden war und teilweise immer noch ist.

Für die Umsetzung dieser Reformen müsste man in der BRD die Macht der Arbeit-geberverbände brechen und die Gewerkschaft stärken, dies in anbetracht der momen-tanen Schwäche der Gewerkschaften stellt sich als unüberwindbar dar. Zudem lassen die momentanen Entwicklungen in den internationalen Märkten eine höhere Belas-tung der Unternehmen nicht zu, da diese die Exit- Option zur Verlagerung ihrer Produktionsanlagen ins Ausland verstärkt nutzen würden. Dies vermittelt die Macht der Konzerne und das politische Bemühen um ihre Gunst. Reformen des schwedi-schen Vorbildes würden in dieser Situation zu mehr Kontrolle durch den Staat führen und die einheimischen Unternehmen im internationalen markt schwächen, dass zu mehr Arbeitslosigkeit und Auswanderung führen könnte. Wollte man solche Refor-men unbedingt durchsetzen wollen, würde man sich international Abschotten und die Ökonomie über eine lange Periode zerstören.

5.3 Pfadabhängigkeit und Reformvorhaben

Eigene Def. Pfadabhängigkeit: *Die Pfadabhängigkeit basiert auf eine Kausalerklä-rung wonach politisch- ökonomische Entwicklungen der Gegenwart auf den in der Vergangenheit geschaffenen Institutionen und Strukturen beruhen.*

Die historische Rückverfolgung deutscher Institutionsentwicklung reicht zunächst bis kurz nach dem zweiten Weltkrieg zurück und wurde durch die Alliierten bestimmt. Die Tradition dieser Strukturen und Institutionen reicht jedoch weiter in der Vergangenheit zurück und läst sich mit der Gründung des deutschen Reiches vereinbaren. In Anbetracht revolutionärer Entwicklungen in Frankreich war die Obrigkeit in den deutschen Gebieten dazu gezwungen der Bevölkerung und insbesondere der Arbeiterschaft mehr Rechte zuzugestehen, um einer gleichen Entwicklung in den deutschen Gebieten vorzubeugen. Eine Tendenz zu einer möglichen Revolution durch das Volk war nach dem ersten Versuch 1848/49 nicht zu verharmlosen und wurde durch die Obrigkeit als ernstes Risiko für die Monarchie verstanden.

Beeinflusst durch die „demokratischen„ Entwicklungen in Frankreich und der Möglichkeit die Bevölkerung für die Monarchie und Nation zurück zu gewinnen, versuchte der damalige Kanzler Bissmark soziale Rechte durch den Staat zu garantieren.[132] Hiermit wollte er den revolutionären Entwicklungen entgegenkommen und das Volk für seine Idee eines einheitlichen deutschen Staates gewinnen. Im Rahmen dieser Ideologie wurden im Verlauf der Achtziger des 19. Jahrhunderts mehrere Gesetze einer sozialen Sicherung eingeführt. So wurde im Jahre 1883 das Gesetz über die Krankenversicherung eingeführt, ein Jahr später folgten Gesetze für Unfallversicherung und bis zum Ende dieser Dekade folgten auch die Alters- und Invalidenversicherung.[133] Diese „Errungenschaften" der Arbeiterschaft zerstörten das Zusammengehörigkeitsgefühl der gesellschaftlichen Klasse und begruben die Möglichkeit einer Revolution für die deutschen Gebiete. Die Stelle der gesellschaftlichen Klassen räumte nun den Platz für das deutsche Einheitsgefühl.

Die Institutionen im besetzten Deutschland wurden maßgeblich durch die Siegermächte beeinflusst. Während die Institutionen in Ostdeutschland dem Sinne des Kommunismus zusprechen mussten, schufen die westlichen Siegermächte demokra-

---

[132] Vgl. Zolling Peter; Deutsche Geschichte von 1871 bis zur Gegenwart, bpb, Bonn 2005, S. 42
[133] Vgl. Zolling Peter; Deutsche Geschichte von 1871 bis zur Gegenwart, bpb, Bonn 2005, S. 43

tische Strukturen in Verbindung mit einer kapitalistischen Ökonomie. Zudem sollten die geschaffenen politischen Strukturen ein Wiederkehren einer möglichen Diktatur verhindern und höchst dezentral organisiert sein. Daher beschlossen die westlichen Siegermächte, dass die zukünftigen Organisation des deutschen Staates in einem Föderalismus geschehen muss, der mithilfe einer großen Anzahl an institutionellen Vetospielern, die Neubildung einer Diktatur erschweren oder unmöglich machen sollte. Die ökonomische Bedeutung Westdeutschlands wurde durch den ideologischen Streit zwischen Ost und West verstärkt und führte zu dem „Marschallplan", der dem deutschen Staat im Westen eine schnelle Wiederentwicklung gewährleisten sollte. Im Rahmen dieses ökonomischen Aufschwunges wurden soziale Strukturen wieder aufgebaut, die den sozialen Strukturen des deutschen Reiches, die durch Reichskanzler Bissmark entwickelt wurden, ähnelten. Hiermit schlugen sich vorhandene Strukturen trotz des totalen Neubeginns in Entwicklungen der Gegenwart.

Mit der ökonomischen Unterstützung wollte man die Gunst der westdeutschen Bevölkerung gewinnen und kommunistische Ideologien abdrängen. Zudem versuchte man dem deutschen Volk nach den beiden Tragödien des Jahrhunderts eine Annäherung an die „Weltgemeinschaft" zu ermöglichen.

Bestehende Institutionen und Strukturen haben nach dem zweiten Weltkrieg die Beibehaltung der sozialen Errungenschaften der Arbeiterschaft erwirkt. Die geschaffenen Institutionen und Strukturen der Siegermächte sollten ein Wiederkehren einer möglichen Diktatur entgegenstehen und sich gegen schnelle Veränderungen wenden. Diese Maßnahmen verhindern jedoch nicht nur eine schnelle Veränderung des Systems, sie verhindern mithilfe der zahlreichen Vetospieler auch die schnelle Reaktion der Politik auf bestehenden Entwicklungen in der Politik und Ökonomie. Zur Umsetzung gewisser Gesetze brauchen die deutschen Institutionen einen größtmöglichen Kompromiss der sich an den gegebenen Strukturen richtet, um die Vetospieler zu überwinden. Parteien und politische Akteure, die Gesetze zur Veränderung dieser Strukturen einführen wollen, müssen gegeben Vetospieler überzeugen und vorhandene Hürden überwinden. Die Überwindung dieser Hürden ist mit hohen ökonomisch- politischen und zeitlichen Aufwendungen verbunden. Zudem müssen sich politische Akteure und Parteien sich an gesellschaftliche Entwicklungen richten und zur Verbesserung ihres Standpunktes sorgen. Dies könne sie nur durch den Erhalt der auf großer Akzeptanz beruhenden gegenwärtigen Strukturen erreichen.

Die gegebenen Strukturen ermöglichen also nicht die Übernahme ganzer wirtschaftspolitischer Ansätze wie weiter oben erhofft. Vielmehr müssten politische Akteure und Parteien einzelne erfolgreiche Ansätze von anderen Ländern aufgreifen und diese konform der hier bestehenden Strukturen anpassen. Erst dann wäre eine Umsetzung möglich, der langsam zu einem erhofften Ziel führen könnte. Einzelne politisch- ökonomische Veränderungen in der Gegenwart ergeben einen Richtungswechsel, der zu einem beliebigen Ziel in der Zukunft führen kann.

6. Fazit

Die Fragestellung der Bachelor- Arbeit wonach eine alternative Wirtschaftspolitik nach angelsächsischem oder skandinavischen Vorbild eine bessere Organisation des Wohlfahrtsstaates erlaubt, stellte sich im Verlauf der Bachelor- Arbeit als Illusorisch dar. Hindernis zur Übernahme dieser Konzeptionen stellen zunächst die Entwürfe selbst, die für bestimmte Strukturen entworfen wurden, dar. Zudem musste ich am Ende der Bachelor- Arbeit diagnostizieren, dass vorhandene Strukturen und Institutionen die Übernahme wahlloser Aspekte aus anderen Systemen unmöglich machen.

In den vorliegenden Konzeptionen lassen sich positive wie gleichermaßen auch negative Auswirkungen ausmachen. Während das angelsächsische Modell der Stabilität der Ökonomie mehr Aufmerksamkeit schenkt und die Position des Individuums im System minimiert, versucht das Skandinavische Modell universalistisch aufzutreten und der Ökonomie ein zweitrangige Rolle zu geben. Zu beobachte ist aber, dass alle drei Wohlfahrtsstaatssysteme nach Esping Andersen, sich in Anbetracht erhärteter ökonomischer Bedingungen mit massiven Abbau ihrer Leistungen zu kämpfen haben. Die globalen Veränderungen der Ökonomie lassen die Volkswirtschaften direkt gegeneinander konkurrieren. Dieser Umstand zwingt Regierungen dazu staatlich Kontrollierte Parameter wie Steuerlast, gesetzliche Regulierungen und leider auch wohlfahrtsstaatliche Leistungen zu verringern, um den eigenen Standort für internationale agierende Konzerne attraktiver zu gestalten. So ist auch in der BA-Arbeit zu erkennen, dass positive Reformen für die Ökonomie leider massive soziale Kürzungen nach sich ziehen und den Einzelnen sich selbst überlassen.

In Anbetracht einer sehr hohen Arbeitslosenquote, einem niedrigen Wachstumsniveau, negativer demographischer Entwicklungen und einem hohen Sozialleistungsniveau lassen sich die anstehenden Reformen in der BRD erahnen. Zur Gewährleistung ökonomischer Aktivität und zur Verbesserung des Standortes haben alle großen Parteien der Mitte für sich anerkannt, dass liberale bzw. neoliberale Reformen die gewünschte Lösung bringen.[134] Dies lässt sich in den jeweiligen Programmatiken der Parteien ausmachen und ist mit der momentan herrschenden Akzeptanz in der Bevölkerung zu vereinbaren. Primär bringen solche Reformen mehr Geld und

---

[134] Vgl. Butterwegge Christoph; Krise und Zukunft des Sozialstaates, VS Verlag, GWV Fachverlage GmbH, Wiesbaden 2005, S. 259

weniger Pflichten für die Politik mit sich, die Lage auf dem Arbeitsmarkt wird dadurch jedoch nicht gelöst.

Die Übernahme anderer Aspekt seien diese neoliberal oder sozialdemokratisch bringen jedoch nicht die gewünschten Lösungen der vorhandenen Probleme in der BRD. Vielmehr muss man gezielt eine Reihe an eigenen Reformen entwickeln, die sich methodisch auf existierende Probleme ausrichten. Für die BRD ist zunächst festzuhalten, dass ein Effizienzproblem auf der Basis des Föderalismus existiert. Hier müsste man zunächst eine großangelegte Föderalismusreform einleiten, welche die Kompetenzen zwischen dem Bund und den Ländern klar regelt. Hiermit wäre ein wichtiger Schritt zur Steigerung der Reformeffizienz und Geschwindigkeit erreicht. Nach dieser ersten wichtigen Hürde würden sich die darauffolgenden Reformen schneller auswirken. Bei der Ausarbeitung von Reformen muss die Langfristigkeit ihre Lösung eine Hauptrolle spielen. Reformen mit langfristiger Planung richten sich insbesondere auf den Bildungs- Ausbildungssektor und Forschung aus. Hier müsste die Politik mehr finanzielle Ressourcen bereitstellen, da qualifizierte Kräfte eine Investition in die Zukunft bedeuten. Qualifizierte Kräfte sind laut statistischer Datenerfassung weniger durch Arbeitslosigkeit bedroht als unqualifizierte Arbeits-kräfte und lassen sich auch leichter vermitteln. Zudem können höher gebildete Individuen selbst als Arbeitgeber erscheinen und Arbeitsplätze schaffen. Höhere finanzielle Mittel für Forschung bewirken schnellere Innovationsschübe und damit auch eine Voreiterstellung im internationalen Wettbewerb. Langfristig wird eine größere Anzahl an Arbeitskräften in Innovativen Beriechen benötigt. Innovationen können aber auch die eigene Ökonomie zu mehr Wachstum animieren und somit indirekt zu mehr Beschäftigung führen. Nachdem man mit diesen beiden Entwick-lungsfeldern ein stabiles Fundament entwickelt hätte, könnte man sich den Anreizen auf dem Arbeitsmarkt wenden. Anreize hier wären breite Qualifizierungsmaßnahmen für stillgelegte Kräfte, sowie auch mögliche finanzielle Unterstützung durch den Staat bei Wohnortumzug im Rahmen einer neuen Arbeitsstelle. Auf der anderen Seite müsste man Langzeitarbeitslosen, die sich nicht aktiv für einen Arbeitsplatz bemühen mit Leistungskürzungen entgegnen. Hiermit hätte man ein effektives Drohpotential. Zusätzlich müsste man soziale Leistung insgesamt bis zu einem gewissen Niveau senken, damit das Arbeiten sich auch lohnt. Selektionierung und Senkung der Leistung würde die Kosten senken, dies wären finanzielle Mittel die man wieder für andere Zwecke benutzen könnte. Für Unternehmen sollte eine

Meldepflicht für freie Stellen gegenüber den örtlichen Behörden gelten, bei Verstoß könnte man Strafen ansetzen.

Zur Bewältigung der demographischen Entwicklung sind mehrere Methoden möglich. Zunächst könnte man eine auf den Zuzug von ausländischen Akademikern gezielte Einwanderungspolitik betreiben, mit welcher man den herrschenden Kräftemangel für gut ausgebildete Berufe mildert. Zudem könnte man gut qualifiziert Ehepaare und Zusammenlebende mit finanziellen Mitteln zu mehr Kindern anregen.

Diese Maßnahmen würden den Arbeitsmarkt mehr Dynamik geben und zu sinkenden Arbeitslosenquoten führen. Reformen sollten aber nicht bei dem Arbeitsmarkt halt machen, vielmehr müssen zusätzliche Reformen für das Gesundheitswesen, Rente- und Pflegeversicherungen durchgeführt werden.

Für das Rentensystem könnten nur eine stetiger Wirtschaftswachstum oder mehr Kinder eine erhoffte Lösung bringen. Längerfristig müsste der Aufbau einer weiteren Säule, die privat organisiert werden müsste und teilweise durch den Kapitalmarkt versorgt würde, bedacht werden. Im Gesundheitswesen kann ohne finanzielle Mittel, die durch Wachstum zu Verfügung stehen würden, keine Reformen, die zur Entlastung führen könnten getätigt werden. Reformen in diesem Bereich müssten leider zu mehr eigenem Engagement und zu weniger Leistung führen. Eine gestaffelte Versicherungsbasis könnten junge und gesunde Arbeitnehmer entlasten, öfter erkrankte würden hierdurch stärker belastet. So eine Reform könnte jedoch auch zu mehr Pflege, Vorsorge und Eigeninitiative für die Zukunft führen, welches sich wiederum für nächst Generationen positiv auswirken könnte.

Zu guter letzt muss die Politik sehr gute Voraussetzungen für eigene Unternehmen schaffen und Steuerlast und Aufwendungen abbauen oder neu strukturieren. Hierzu wäre vorstellbar, dass man die Finanzierung für Arbeitslosenversicherung und Sozialleistung stärker dem Staat anlastet und nicht Arbeitgeber und Arbeitnehmer, dies würde zur Abkoppelung der Arbeitslosenversicherung von Beschäftigung führen und könnte zu mehr Beschäftigung verhelfen.

Zusammengefasst lässt sich behaupten, dass alle Reformprojekte, die zur Senkung der finanziellen Belastung für die Ökonomie dienlich sind, sich positiv auswirken würden. In diesem Zusammenhang ist zu beobachten, dass die Akzeptanz der breiten Bevölkerungsmasse in Anbetracht großer Fehlentwicklungen bei den sozialen Leistungen und die Legitimation für massive soziale Fürsorge schwindet.

Tabellenverzeichnis

Entnommen aus: http://www.bundestag.de/gremien/welt/globend/index.html vom 22.08.2007

Tabelle 1

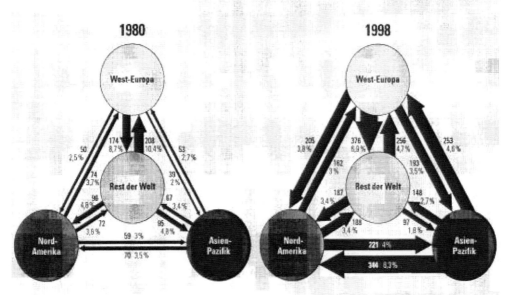

Tabelle 2

Durchschnittliche Zölle auf Industrieprodukte in den Industrieländern 1950 und vor Beginn der Uruguay-Runde, 1984

Quelle: OECD, 1997

Tabelle 3

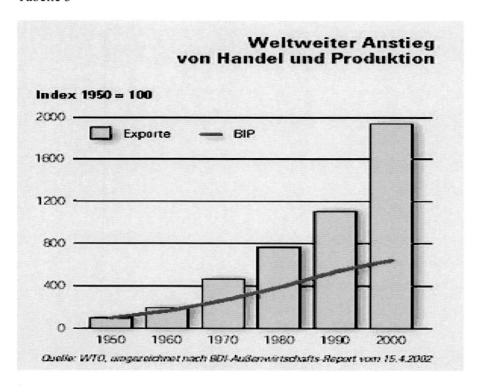

Weltweiter Anstieg von Handel und Produktion

Index 1950 = 100

Exporte — BIP

Quelle: WTO, umgezeichnet nach BDI-Außenwirtschafts-Report vom 15.4.2002

Tabelle 4

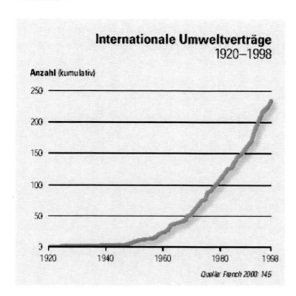

Tabelle5

Tabelle 6

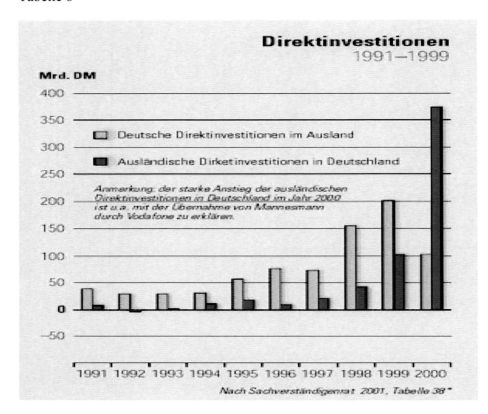

Direktinvestitionen
1991–1999

Mrd. DM

☐ Deutsche Direktinvestitionen im Ausland

■ Ausländische Dirketinvestitionen in Deutschland

Anmerkung: der starke Anstieg der ausländischen Direktinvestitionen in Deutschland im Jahr 2000 ist u.a. mit der Übernahme von Mannesmann durch Vodafone zu erklären.

1991 1992 1993 1994 1995 1996 1997 1998 1999 2000

Nach Sachverständigenrat 2001, Tabelle 38*

Quellenverzeichnis

Buchquellen

- Butterwegge Christoph/ Krise und Zukunft des Sozialstaates/ VS Verlag Wiesbaden 2005.

- Butterwegge Christoph/ Wohlfahrtsstaat im Wandel- Probleme und Perspektiven der Sozialpolitik/ 2001 Leske und Buderich, Opladen.

- Esping Anderson/ Three Worlds of Welfare Capitalism/ Polity Press 1990.

- Friedman Milton/ Kapitalismus und Freiheit/ deutscher Taschenbuchverlag GmbH & Co KG. München 1976.

- Guldimann Tim/ Staatlich organisierter Arbeitsmarkt und Anpassung – der Fall Schweden/ Campus Verlag 1979 New York.

- Guterman Siegried/ Politik und Wirtschaft in den USA/ 1985 westdeutscher Verlag.

- Rudolf G. Heinze, Schmid Josef, Strünk Christoph/ Vom Wohlfahrtsstaat zum Wettbewerbsstaat/ Leske und Buderich 1999, Opladen.

- Kastendieck H., Sturm R./ Länderbericht GB/ Bundeszentrale für politische Bildung 2006 Bonn.

- Kaufmann Franz Xaver/ Varianten des Wohlfahrtsstaates/ Suhrkamp Verlag, 2003 Frankfurt.

- Koch Max/ Arbeitsmärkte und Sozialstruktur in Europa/ Westdeutscher Verlag GmbH, Wiesbaden 2003.

- Kromphardt Jürgen/ Konzeptionen und Analysen des Kapitalismus- von seiner Entstehung bis zur Gegenwart/ Vandenhoeck & Ruprecht in Göttingen 1980.

- Lütz S., Czada R./ Wohlfahrtsstaat- Transformation und Perspektiven/ VS Verlag 2004 Wiesbaden.

- Riegler H. Claudius, Schneider Olaf/ Schweden im Wandel- Entwicklung, Probleme, Perspektiven/ Berlin Verlag 1999.

- Rudzio W./ Das politische System der BRD/ 2003 Verlag Leske und Buderich GmbH, Opladen.

- Steingart Gabor/ Der Abstieg eines Superstars/ 2004 Piper Verlag GmbH, München 2004.
- Schmid Josef/ Wohlfahrtsstaaten im Vergleich/ Leske & Buderich, Opladen 1996.
- Schmid Josef, Nikketta Reiner/ Wohlfahrtsstaat- Krise und Reform im Vergleich/ Metropolis Verlag, Marburg 1998.
- Schmid Josef, Buhr Daniel, Roth Christian, Steffen Christian/ Wirtschaftspolitik für Politologen/ 2006 Verlag Ferdinand Schöningh, Paderborn.
- Schmidt Manfred G./ Sozialpolitik in Deutschland/ VS Verlag 2005 Wiesbaden.
- Wartenberg v. Ludolf/ Investition in die Zukunft/ 2005 WILEY- VCH Verlag.
- Zölling Peter/ Deutsche Geschichte von 1871 bis zur Gegenwart/ Bundeszentrale für politische Bildung, Bonn 2005.

Benutzte Heft- Quellen
- Informationen zur politischen Bildung/ Staat und Wirtschaft/ Fit für die zukunft- Deutschland im Wandel.
- Informationen zur politischen Bildung/ Wirtschaft Heute/ Mannheim 2006.

Handwörterbücher und Lexika
- Woyke Wichard/ Handwörterbuch Internationale Politik/ Verlag für Sozialwissenschaften, 2004 Wiesbaden.

Internetquellen
- http://www.destatis.de/indicators/d/lrarb01ad.htm vom 22.05.2007
- http://www.bpb.de/wissen/02572031752394950135204654630408,1,0, Treuhandanstalt.html#art1 vom 29.05.2007
- http://upload.wikimedia.org/wikipedia/de/1/17/Investitionsquoten USAJBRD.PNG vom 03.06.2007

- http://www.bpb.de/wissen/0257203175239495013520465463 0408,1,0, Treuhandanstalt. html#art1 vom 29.05.2007
- http://de.wikipedia.org/wiki/Mark_der_DDR vom 19.06.2007
- http://www.bpb.de/publikationen/0057760494721955323 1294104464435,1,0,Entwicklung Gro%DFbritanniens seit 1945.html vom 03.07.2007
- http://www.bpb.de/publikationen/0014524788471120743292165949120,0, Wirtschaftssystem_und_Wirtschaftspolitik.html vom 05.07.2007
- http://www.bpb.de/publikationen/0014524788471120743292 1 65949120,0, Wirtschaftssystem_und_Wirtschaftspolitik.html vom   05.07.2007
- http://www.adam- po-loek.de/folienneu/wirtand/wirtandsw/wirtschaftswachstum-in-schweden1951-2002.pdf vom 26.07.2007
- http://doku.iab.de/mittab/1989/1989_1_MittAB_Schmid.pdf vom 01.08.2007
- http://doku.iab.de/mittab/1989/1989_1_MittAB_Schmid.pdf vom 02.08.2007
- http://www.destatis.de/jetspeed/portal/cms/Sites/destatis/Internet DE/Content/Publikationen/Querschnittsveroeffentlichungen/Datenreport/ Downloads/1ErwArbeitslos,property=file.pdf vom 08.08.2007
- http://www.destatis.de/jetspeed/portal/cms/Sites/destatis/   Internet/DE/ Content/ Publikationen/Querschnittsveroeffentlichungen/Datenreport/ Downloads/ 1ErwArbeitslos,property=file.pdf_vom 08.08.2007
http://www.bundestag.de/gremien/welt/glob_end/index.html vom 22.08.2007